역사와 문화로 보는 도시 이야기

익산

천천히읽는책_85

역사와 문화로 보는 도시 이야기 익산

글·사진 전은희

펴낸날 2025년 12월 24일 초판1쇄
펴낸이 김남호|펴낸곳 현북스
출판등록일 2010년 11월 11일|제313-2010-333호
주소 07207 서울시 영등포구 양평로 157, 투웨니퍼스트밸리 801호
전화 02) 3141-7277|팩스 02) 3141-7278
홈페이지 http://www.hyunbooks.co.kr|인스타그램 hyunbooks
책임편집 류성희|디자인 나모에디트|마케팅 송유근 함지숙
ISBN 979-11-5741-453-6 73910

본 도서는 (재)전북특별자치도문화관광재단 2025년 '문화예술육성지원사업'에 선정되어 보조금을 지원받은 사업입니다.

역사와 문화로 보는 도시 이야기

익산

글·사진 전은희

현북스

설렘 가득한 도시, 익산 이야기

나는 여행을 좋아해요.

새로운 곳으로 길을 나설 때마다 마음이 두근두근 설레요. 이미 다녀온 길이라도 다시 떠날 때면 그곳에 또 다른 이야기가 기다리고 있을 것 같아 가슴이 뛰어요.

여러 여행 중에서도 《나의 문화유산 답사기》 책을 따라 우리나라 곳곳의 유물과 유적을 찾아가던 여행이 유독 기억에 남아요. 그때 나는 단순히 문화재를 보러 간 게 아니었어요. 그 안에 담긴 옛사람들의 이야기를 들으러 갔어요. 버스를 타고, 배를 타고, 숲길을 걸으며 만난 풍경들은 언제나 마음을 들뜨게 했어요.

이번에는 내가 사는 곳과 가까운 도시, 익산으로 향했어요. 학교 다닐 때 익산에 친구가 여럿 있었는데, 여산면, 금마면, 황등면 등 이름만 들어도 정겨운 곳이었어요. 그중 한 친구가 했던 말이 아직도 생생해요.

“숙제하려고 마을 입구 비석을 탁본 떴는데, 지금 보니 그 비석이 문화재였대.”

그만큼 익산에는 수많은 유적이 있었다는 말이었지요.

이 책을 쓰는 지난 3년 동안 책 속에 소개한 장소를 여러 번 다녀왔어요. 매번 익산의 새로운 모습을 만났지요.

이 책에 실린 사진들은 대부분 나와 사진작가가 직접 찍은 것들이에요. 여러분이 책장을 넘길 때, 마치 그 자리에 함께 있는 것처럼 느끼길 바라면서 사진을 찍었어요. 현장의 햇빛, 바람, 냄새까지 담고자 노력했어요.

이 책을 읽는 어린이들도 나처럼 설렘과 호기심을 안고 익산 곳곳의 이야기를 만났으면 해요. 그 이야기들이 도시 익산을, 여러분의 도시를 사랑하는 씨앗이 되면 좋겠어요. 그게 바로 이 책을 통해 여러분에게 주고 싶은 선물이에요.

동화 쓰는 전은희

1부 익산에서 만나는 백제

1. 최초의 익산 사람들 12

청동기시대부터 마한, 백제까지

마한 사람들의 무덤 이야기

• 지금 익산에서는 – '입점리고분전시관'에서 보는 금동 유물

2. 미륵사지 석탑 26

석탑에 숨겨진 비밀

목탑에서 석탑으로

• 지금 익산에서는 – 국립익산박물관에서 만나는 '사리장엄구'

3. 서동요에 숨겨진 이야기 40

백제 무왕과 신라 선화공주의 사랑

백제의 왕릉, 대왕릉과 소왕릉

• 지금 익산에서는 – '서동축제'에서 만나는 무왕

4. 왕궁리 유적지 54

백제 무왕의 꿈을 품은 궁궐

백제 궁궐에는 공중화장실이 있었다?

• 지금 익산에서는 – 유네스코 세계유산, 백제왕궁박물관

5. 익산 화강암 68

석공 아사달의 슬픈 사랑 이야기

백제 석공들이 선택한 익산 화강암

• 지금 익산에서는 – 익산석제품전시홍보관

2부 익산에서 만나는 인물들

6. 이규홍과 대한제국 의병들 82

'우리는 의로써 싸운다' 의병 이규홍

나라를 위해 싸운 익산의 의병들

• 지금 익산에서는 – 익산 근대역사관

7. 문용기 열사와 독립운동가들 94

한쪽 팔로 외친 대한독립 만세

익산의 독립운동가들

- 지금 익산에서는 – 익산항일독립운동기념관

8. 떡목 명창 정정렬 106

떡목으로 판소리 명창이 되다

익산의 소리꾼들

- 지금 익산에서는 – 정정렬 추모 판소리 대회

9. 한글을 지킨 이병기 118

한글을 사랑한 한글학자

시조의 현대화에 기여한 시조 시인

- 지금 익산에서는 – '가람문학관'에서 만나는 이병기

10. 함라의 세 부잣집 128

배고픈 사람들의 든든한 이웃

세 부자 조해영, 김병순, 이배원 가옥

- 지금 익산에서는 – 함라 한옥 체험단지

3부 익산의 현재

11. 익산역 144

이리역 폭발 사고

익산역의 탄생과 변화

- 지금 익산에서는 – 익산역 광장의 추모탑과 위령비

12. 만경평야 152

만경평야와 춘포역

만경평야의 쌀 이야기

- 지금 익산에서는 – '만경강문화관'에서 즐기는 자연

13. 익산과 종교 성지 160

원불교 익산 성지

나바위성당과 김대건 신부

남녀유별 예배당 '두동교회'

부록 | 익산 그림지도 170

제1부

익산에서 만나는 백제

1

최초의 익산 사람들

영등동 유적의 청동기Ⅰ-3 집자리

청동기시대부터 마한, 백제까지

익산시 영등동. 하늘을 향해 높이 세워진 아파트 사이에 특별한 공간이 있어. 바로 수천 년 전 익산 사람들이 살았던 청동기시대의 집터야.

지난 1995년이었어. 영등동에 아파트를 짓기 위해 땅을 파던 중 청동기시대 집터 5기가 발견되었어. 영등동 유적은 익산에서 처음으로 확인된 청동기시대 전기 유적으로, 현재는 영등시민공원 인라인스케이트장 가운데에 있어.

발굴된 원형 집터 2기와 장방형(직사각형) 집터 3기는 4~6미터 크기로, 초등학교 교실보다 약간 작았어. 집 안을 자세히 보면 지붕을 받치는 기둥 구멍의 숫자가 2개, 5개, 9개로 서로 다르고, 바닥에 습기 제거를 위해 점토를 바른 집과 안 바른 집, 빗물을 막는 도랑이 있는 집과 없는 집이 있었어.

이후 1996년까지 계속된 발굴 조사 결과, 3개 지역에서 모두 24기의 집터가 발굴되었어. 오늘날 우리들의 집이 각자의 취향대로 조금씩 다르듯 24기 집터가 달랐을지도 모른다고 생각하니 그들이 어떻게 살았는지 더욱 궁금해지는구나.

최초의 익산 사람들은 어떻게 살았을까?

익산은 만경강과 금강이 흐르는 호남평야의 북쪽에 있어서 사람이 살기에 매우 좋은 환경이야. 그래서 구석기시대나 신석기시대 때부터 사람들이 살았을 것으로 추측하고 있어.

특히 청동기시대 때부터는 많은 사람이 영등동 말고도 송학동, 장신리, 웅포리, 어양리 지역에 모여 살았어. 사람들은 쌀로 밥을 짓고, 직접 옷을 만들고, 예쁜 장신구도 착용했어.

어양리에서 발굴된 유물들 왼쪽부터 어양리에서 발굴된 돌도끼, 목걸이, 숯돌이야. 목걸이는 지금 사용해도 될 것 같아. (마한박물관 소장)

이렇게 자세히 알 수 있는 것은 집터에서 토기, 돌검, 돌화살촉, 그물추, 가락바퀴, 불에 탄 쌀 등 그 시대 사람들의 다양한 유물들이 나왔기 때문이야.

불에 탄 쌀은 벼농사를 지었다는 것을 말해 주고, 가락바퀴는 실을 짜서 옷을 만들어 입었구나 하고 알려 주지. 그물에 매달던 그물추는 만경강에서 물고기를 잡아서 생활했다는 것을 알려 주는 유물이고, 어양리에서 발견된 목걸이는 그때에도 사람들이 장신구로 꾸몄다는 것을 보여 주는 소중한 유물이야. 이렇게 유물 하나하나에는 옛날 사람들의 생활 모습이 고스란히 담겨 있어.

익산에는 어떤 나라가 세워졌을까?

철기시대에 한반도 북쪽에는 고구려, 남쪽에는 삼한이 있었어. '삼한'은 마한, 진한, 변한을 말하는데, 나중에 진한은 신라로, 변한은 가야로 발전했어. 그리고 마한은 54개 소국 연맹체로 발전했어. 익산에는 마한의 한 나라인 '건마국(乾馬國)'이 있었던 것으로 추정돼.

고조선의 준왕이 위만을 피해 한(韓)의 땅에 와서 한왕이 되었다.

-《중국 역사서》

금마군은 본래 마한국이다. 후에 조선왕 기준이 위만의 난을 피해 바다를 건너 남쪽 한의 땅에 이르러 개국하였는데 마한이라 하였다.

-《고려사 권 57》

이런 기록을 보면 금마가 마한의 중심지였다는 것을 알 수 있어. 그러나 시간이 지나면서 준왕의 세력은 약해지고, 본래 이 땅에 살았던 마한 사람들이 중심이 되었어.

마한 이후에는 온조가 세운 백제가 성장하고 발전했어. 백제는 4세기 근초고왕 때 여러 개의 마한 소국들을 흡수 통합했어.

마한은 어떤 모습이었을까?

'마한박물관'은 금마면 서동공원 옆에 있어. 지금으로부터 2,200년 전의 마한을 자세히 소개하고 있지. 이곳에는 익산의 선사시대 때부터 마한의 시작과 변화, 백제로 넘어가는 익산의 역사를 만날 수 있어.

마한박물관에는 마한 사람들의 생활 모습을 보여 주는 부엌, 토기, 무덤, 그리고 마한 유적지에서 나온 항아리와 독무덤이 전시되어 있어. 항아리들을 직접 보면 생각보다

마한박물관 200여 점의 유물을 전시하여 익산의 선사시대 때부터 마한까지 문화를 소개하고 있어.

12호 독무덤과 7호 독무덤 마동 유적에서 발굴된 초기 철기시대 독무덤이야. 왼쪽은 쇠뿔 모양 손잡이 항아리와 덧띠무늬 토기로 이루어졌고, 오른쪽은 쇠뿔 모양 손잡이와 바리로 이루어졌어. (마한박물관 소장)

크고 아름답고, 다양한 모양이라서 깜짝 놀라게 될 거야.

옛날 사람들이 어떤 집에서 무엇을 먹고 어떻게 살았는지 상상의 나래를 맘껏 펼칠 수 있는 특별한 곳이란다.

마한박물관에 가면 가장 눈에 띄는 것은 커다란 항아리 무덤(독무덤)이야. 항아리 두 개를 맞붙여서 옆으로 붙여 놓은 것이 무덤이라고? 정성껏 농사지은 곡식을 저장했을 것 같은 항아리가 무덤이었다니 참으로 놀라워! 역시 짐작이 딱 맞았어. 독무덤은 일상생활에서 항아리로 사용하다가 누군가의 무덤으로 용도를 변경한 것이야.

마한 사람들의 무덤 이야기

독무덤은 대개 한쪽은 커다란 항아리이고, 반대쪽은 뚜껑처럼 작은 항아리로 만들었어. 손잡이 달린 항아리, 굽 달린 토기, 덧띠무늬 토기 등을 이용했어.

성인을 위해 만든 대형 옹관(항아리 관)이 있고, 안타깝게 어려서 죽은 아이를 위한 작은 독무덤도 있어. 여러 형태의 독무덤을 보고 있으면, 마한 사람들은 일상과 죽음을 하나로 연결해서 생각한 것이 아닐까 싶어. 살아서 먹고 사는 데 쓰던 물건으로 무덤을 만들었으니 말이야.

마한에서는 움무덤, 흙무지 무덤도 발견되었어. 움무덤은 땅에 구덩이를 파고 나무 관에 시신을 넣는 무덤이야. 그리고 흙무지 무덤은 주변에 도랑을 파고 흙으로 봉분과 같은 분구를 쌓은 뒤 시신을 매장하는 무덤이야.

13호 독무덤 마동 유적에서 발굴했으며, 쇠뿔 모양 손잡이 항아리와 굽다리 접시로 이루어졌어. (미힌빅물관 소장)

1-3호 독널 함열 와리 금성 유적에서 발굴된 삼한시대 무덤이야. (마한박물관 소장)

함열 와리에서는 하나의 흙무덤 안에 움무덤과 독무덤이 함께 매장된 독특한 무덤이 발견되었어. 5세기 이후부터는 무덤 하나에 여러 봉분을 안치하는 가족무덤의 모습도 나타났어. 당시에도 가족을 소중히 생각하고 함께 묻히고 싶어 했다는 것을 느낄 수 있는 매장 풍습이야.

또한 마동 무덤에서는 죽은 사람과 함께 넣은 껴묻거리가 많이 나왔어. 칼자루 끝장식, 청동 투겁창, 세형동검, 쇠낫, 쇠화살촉, 토기 조각 등이 출토되었어.

오룡리 움무덤에서는 나뭇잎 줄기 모양의 거친무늬 거울이 출토되어서 관심이 집중되었어. 이 거울은 중국 요동 지방에서만 나왔고, 한반도에서는 처음 나온 것이라 학자들의 호기심을 자극하고 있어. 이처럼 무덤은 옛사람들의 생활 모습, 다른 지역과의 교류까지 알려 주는 안내문과 같은 역할도 하고 있단다.

지금 익산에서는

'입점리고분전시관'에서 보는 금동 유물

1986년 봄, 웅포 새터마을의 고등학생이 뒷산에 칡을 캐러 갔어. 칡뿌리를 캐던 학생은 반짝이는 물건을 발견하고 깜짝 놀랐어. 학생이 발견한 것은 백제 유물인 금동제 모자였어. 문화재연구소는 학생의 신고를 받고 긴급하게 발굴에 나섰어. 이후, 1986년과 1998년 두 차례에 걸쳐 총 21기의 백제시대 무덤을 확인했어.

입점리 고분은 5세기 중엽 익산 지역에서 유력한 세력의 무덤으로 추정하고 있어. 가장 주목받는 고분은 학생이 처음 발견한 1호분 무덤이야. 굴식돌방무덤으로 가장 상태가 좋고, 금동 관모(금동 모자), 금동 신발, 관대, 귀걸이, 말을 탈 때 쓰는 철제 마구류가 출토되었어. 이 중 금동 관모는 일본 고분에서 나온 것과 비슷해서 5세기 일본과 백제의 문화 교류를 보여 주는 중요한 유물이야.

입점리 24호 굴식돌방무덤 돌로 방을 만들고, 그 위에 흙을 쌓아 올려 만든 무덤이야.

금동 관모 1호분 출토 유물이며, 비슷한 유물이 일본에도 있어서 일본과 문화 교류가 있었다는 증거가 되고 있어. (국립익산박물관 소장)

이 외에도 구릉 정상에 있는 구덩식돌덧널무덤에서는 금동제 귀걸이와 옥으로 만든 장신구 등이 출토되었어. 출토 유물은 '국립익산박물관'과 '입점리고분전시관'으로 나누어서 관람객들에게 공개되고 있어.

입점리 고분군은 마한의 소국이었던 건마국이 백제 중앙 세력으로 통합되었다는 것을 추정하는 자료가 되었어. 지역 우두머리들은 백제로 편입된 이후 백제에서 일정한 지위를 인정받았다고 보고 있어. 당시 금동 제품들은 왕족 또는 고위 계층만이 사용했던 점을 고려하면, 입점리 고분은 백제가 금강 유역을 편입하는 시기에 만들어진 지배 계층의 무덤일 가능성이 높아.

익산시는 입점리 고분 유적을 백제와 마한의 관계를 살펴볼 수 있는 중요한 문화유산으로 관리 중이야.

2

미륵사지 석탑

미륵사지

석탑에 숨겨진 비밀

처음 미륵사지에 방문하면 이상한 생각이 들지도 몰라. 넓은 평지에 동탑과 서탑만 우뚝 서 있고, 미륵사는 보이지 않거든.

이곳에 있어야 할 사찰, 백제 최대의 사원 미륵사는 언제 세워졌고, 언제 사라졌을까? 미륵사는 백제 무왕(武王) 때 세워져서 통일신라에도 번창했어. 그리고 고려시대에도 중요한 불교 사원으로 존재했지만, 조선의 불교 억압 정책을 거치면서 임진왜란 이후인 17세기 초쯤 역사의 기록에서 사라졌어.

현재 미륵사지에는 석탑(서탑)과 동탑, 주춧돌, 당간지주가 남아 있어. 그래서 미륵사가 있던 장소라는 뜻으로 '미륵사지'라고 부르는 거야.

미륵사지는 익산시 금마면 미륵산 아래 넓은 평지에 있

어. 재미있는 것은 원래 이 산은 '용화산'이라고 불렸는데, 미륵사가 세워진 뒤로 '미륵산'으로 이름이 바뀌었어. 지금은 미륵사지 북쪽에 있는 산을 미륵산, 나머지는 용화산이라고 불러.

미륵사가 처음 세워진 7세기에는 절 안에 탑이 세 개, 불상을 모시는 건물인 불전도 세 곳이 있었대. 그런데 왜 세 개씩 지었을까? 《삼국유사》 무왕 조를 보면 그 이유를 짐작할 수 있어.

> 무왕과 왕비가 미륵산 사자사에 있는 지명 법사를 만나러 가던 중 미륵산 아래 연못에서 미륵삼존이 나타났다. 이에 왕비가 이곳에 사찰을 지어 달라고 청을 했다. 무왕은 지명 법사의 도움으로 연못을 메우고 사찰을 지었다. 이후 미륵사라 불렸다.
>
> -《삼국유사》 무왕 조

미륵삼존, 즉 미륵이 세 분이니까 불전도 세 곳, 탑도 세 개를 만든 것이지. 이런 흔적들은 미륵사지 곳곳에 남아

동탑의 옛 돌 7세기 백제시대 동탑에 사용되었던 돌이야.

있어. 현재는 이중 동탑과 석탑(서탑)이 복원된 상태야.

그럼 동탑부터 살펴볼게. 동탑은 복원 당시에 완전히 무너져서 원래 있던 돌로는 다시 세우기가 힘들었어. 동탑의 무너진 돌들은 주변에 흩어져 있었고, 일부는 어딘가로 사라진 뒤였어. 그래서 새로운 돌로 9층 탑을 세우고 본래 돌은 전시했어. 석탑 옆에 넓게 펼쳐진 커다랗고 까만 돌들이 바로 1,400년 전 동탑에 썼던 돌이야.

그런데 동탑을 3년 만에 급하게 복원했기 때문에 너무 하얗고 매끈한 모습에 아쉬움이 컸어. 그래서 6층으로 남아 있는 서탑을 보수할 때는 신중하게 진행했어.

서탑이 무너졌다는 기록은 통일신라 때부터 있어. 신라 성덕왕 때(719년) 미륵사에 벼락이 쳤다는 《삼국사기》 기록이 있고, 같은 성덕왕 때(730년) 천둥과 벼락이 쳐서 '서쪽 석탑'이 반쯤 무너졌으므로 옛 모습대로 고쳐 놓았다는 기록이 있어. 이후 조선 영조 때는 강후진의 기행서 《와유록》에 '백 년 전 벼락으로 그 반이 허물어져 있으며, 아래 돌문이 있어 출입할 수 있는데'라고 기록되어 있어 서탑이 오래전에 무너졌음을 알 수 있어.

이후에도 서탑은 시간이 흐르며 점점 더 위태로워졌어. 1917년에는 일본인들이 서탑 일부를 시멘트로 채워 넣어서 무너지지 않도록 도왔어. 하지만 탑의 모습이 흉하게 변해 버렸지.

미륵사지 동탑 폐허가 된 탑을 1993년 3년 만에 9층으로 복원했지만, 급하게 ▶ 복원했기 때문에 너무 하얗고 매끈한 모습에 아쉬움이 컸어.

문화재청은 2001년에 서탑을 해체하고 보수하는 일을 시작해서 2017년에 수리를 완료하고, 2019년에 주변 정비까지 마쳤어. 약 20년 동안 차근차근 해체하면서 석탑의 비밀이 여럿 밝혀졌어. 그중 하나가 서탑이 세워질 당시에는 동탑과 마찬가지로 9층이었다는 거야. 남아 있는 자료를 컴퓨터로 계산해서 얻은 결과였어. 신라의 석탑 중 가장 높은 감은사지 석탑이 13미터인데, 미륵사지 석탑은 그보나 훨씬 높았던 거지.

문화재청은 서탑을 보수하면서 9층으로 복원할지 고심했어. 만약 9층까지 복원한다면 풍화로 약해진 원래 돌이 위쪽의 무게를 버틸 수 있을지도 걱정이었어. 결국 탑이 무너진 모습도 소중한 유적이니 그대로 지키는 게 중요하다고 판단했어. 그래서 서탑은 가장 최근의 모습인 6층으로 보수되었어.

그리고 서탑을 해체하면서 무왕이 미륵사를 창건했다는 기록이 발견되었단다. 서탑의 1층 중앙에서 사리를 모시는 내력을 적은 글이 발견되었어. 《금제사리봉영기》에서 이런

◀ **미륵사지 석탑(서탑)** 무왕(639년)때 세워졌고, 신라(719년)에는 미륵사에 벼락이 쳤으며, 1915년 일본 사람들이 시멘트로 보수했고, 2001년 해체를 시작해서 2017년까지 조립과 보수를 완료했어.

기록이 나왔어.

'백제… 기해 정월(百濟… 己亥正月)'

기해년은 639년 무왕 40년을 뜻해. 이로써 무왕 때 탑의 기초가 세워졌다는 사실이 정확해졌지.

무왕은 왜 미륵사를 창건했을까?

백제 무왕은 재위 42년 동안 신라와 여러 번 전쟁을 치르면서 백제의 부흥을 꿈꿔 왔어. 무왕 이전 백제는 매우 어려운 처지였어. 신라 진흥왕과의 관산성 전투에서 성왕이 죽은 후 백제는 왕권이 약해졌어. 이후 위덕왕, 혜왕, 법왕 그리고 무왕이 등극했어. 무왕은 백제의 왕 중에서도 가장 용감한 왕이 되고자 했어.

무왕은 삼국에서 가장 큰 사찰인 미륵사를 세워서 백제의 힘을 많은 사람에게 보여 주고 싶었어. 무왕은 미륵사를 세우면서 백제 부흥의 꿈을 키웠고, 불교를 통해 신라와의 전쟁으로 지친 백성들을 위로하려고 했단다.

목탑에서 석탑으로

미륵사에는 세 개의 탑이 있었어. 중앙에 목탑, 양쪽에 석탑이 있었지. 중앙에 있던 목탑은 불에 타서 사라진 것으로 짐작해. 목탑지 주변에서 다량의 목탄과 기와, 불에 탄 흙 등이 확인되었거든. 그리고 동탑은 완전히 무너졌고, 서탑은 일부가 무너지고 6층까지만 남았어.

그런데 사찰 한곳에 왜 목탑과 석탑을 같이 세웠을까?

우리나라에 불교가 전래된 것은 삼국시대야. 삼국시대 초기에는 사찰과 목탑이 주를 이루었어. 목탑은 쉽게 만들 수 있다는 장점이 있는 반면에, 쉽게 불에 타는 단점이 컸어. 그래서 삼국시대 말기에는 영원히 보존하고 싶은 염원으로 석탑이 등장한 거야.

미륵사지 석탑은 한국 석탑의 시초로 보고 있어. 미륵사

미륵사지 동탑의 통로 동탑의 1층 중앙에는 통로가 있어 사방으로 드나들 수 있었어.

지 석탑은 나무에서 돌로 재료만 바뀌었을 뿐 목탑의 형식을 그대로 갖고 있거든. 당시 유행했던 목탑의 양식을 충실하게 구현했어. 돌을 마치 나무처럼 깎고 다듬어서 쌓은 모습은 백제에서 석탑이 어떻게 생겨났는지를 뚜렷하게 보여줘. 돌끼리 잘 맞물리도록 다듬어서 탑이 더 단단해지고 오래 남도록 한 거야.

미륵사지 중앙에 있었던 9층 목탑은 사람이 안에 들어가서 위로 올라가는 구조였어. 석탑인 서탑과 동탑 역시 1층 중앙에 문을 만들어 사방으로 통하게 했어. 지금 있는 동탑의 1층에도 사면이 뚫린 통로를 내어 놓아서 사람이 드나들 수 있도록 했어. 통로는 목탑에서 석탑으로 넘어왔다는 중요한 특징 중 하나야.

백제에서 석탑이 발달한 이유 중 하나는 백제 석공들이 뛰어난 기술력으로 돌을 다듬었고, 익산은 우리나라 3대 화강암 생산지여서 질 좋은 돌을 쉽게 구할 수 있었기 때문이었어.

지금 익산에서는

국립익산박물관에서 만나는 '사리장엄구'

국립익산박물관에서는 미륵사지에서 출토된 1만9,000여 점의 유물들을 보존하고 전시하고 있어. 미륵사지 사찰과 탑 모형도 전시해서 관람객들에게 미륵사지의 모습을 자세히 알려 주고 있지.

국립익산박물관에서는 미륵사지에서 출토된 '사리장엄구'를 볼 수 있어. '사리장엄구'는 불탑에 사리를 안치할 때 사용하는 용기와 함께 봉안되는 공양물을 통틀어 말하는 거야. 신기하게도 사리장엄구를 보면 선물 상자 안에 또 선물 상자, 그리고 선물 상자가 또 있는 것 같아. 사리기는 석함 안에 외호, 내호 그리고 유리제 사리병 안에 사리가 있었어. 함께 들어 있던 자수정, 꽃 모양 금구슬, 유리구슬은 모두 섬세하고 아름다워서 감탄이 절로 나와.

현재 사리장엄구 진품은 박물관에 전시 중이지만, 당시 발견되

사리장엄구 사리장엄구는 사리를 안치할 때 용기와 함께 봉안되는 공양물을 통틀어서 말하는 거야. (국립익산박물관 소장)

사리호 내 공양품 사리 외호의 높이는 13cm, 사리 내호는 5.9cm야. (국립익산박물관 소장)

었던 부처님 사리는 2015년 사리장엄구의 복제품을 만들어서 다시 봉안했어. 이때 먼 미래의 후손들을 위해서 석탑 수리기를 넣었어. 639년에 만들었고, 2015년에 수리했다는 내용을 한글로 적어서 21세기에는 한글이 사용되고 있음을 기록으로 남겼단다.

3

'서동요'에 숨겨진 이야기

서동축제 개막식

백제 무왕과 신라 선화공주의 사랑

백제 금마저에 '장'이라는 소년이 살았어. 장은 오금산에서 마를 캐며 어머니와 둘이 살았는데, 연못에 사는 용의 아들이라는 소문이 있었대. 사람들은 장을 마를 캐는 아이 '서동'이라고 불렀어.

어느 날 서동은 신라 진평왕의 셋째 딸인 선화공주가 아름답다는 소문을 들었어. 서동은 선화공주를 꼭 만나고 싶어서 무작정 신라의 궁궐이 있는 서라벌로 갔어. 서동은 시장에서 아이들에게 공짜로 마를 나눠 주며 노래를 가르쳤어.

선화공주님은 남몰래 결혼하고
서동을 밤에 몰래 안고 간다

아이들이 부르는 노래 '서동요'는 서라벌 가득 퍼져서

선화공주가 사는 궁궐까지 흘러들어 갔어.

"이 무슨 해괴한 노래냐? 왕실의 명예를 떨어뜨린 공주를 당장 내쫓아라!"

아버지 진평왕은 잔뜩 화가 나서 공주를 쫓아냈어. 왕비는 공주가 불쌍했지만, 왕의 명령을 어길 수 없었어. 안타까운 마음에 황금을 챙겨 주었지.

"선화야, 이 황금은 위급할 때 쓰거라!"

선화공주는 너무나 억울하게 영문도 모른 채 궁궐에서 쫓겨났어. 공주가 힘없이 궁궐을 나설 때였어. 서동이 기다리고 있다가 정중히 절을 하며 청했어.

"공주님, 제가 모시겠습니다."

공주는 서동을 처음 봤지만, 정중한 태도가 믿음직스러웠어. 그리고 달리 의지할 데가 없었으니까 일단 따라갔지. 서동은 공주에게 지극정성을 다했고, 공주는 차츰 그를 믿고 좋아하게 되었어. 그래서 서동이 솔직하게 자신이 서동이라고 용서를 빌었을 때 받아 주었어.

그렇게 둘은 백제 서동의 집까지 함께 갔어. 공주는 허

름한 서동의 집을 보고 소중히 간직했던 황금을 꺼냈어.

"당장 이것을 팔아 먹을 것도 사고, 살림살이도 마련합시다."

그러자 서동이 이상하다는 듯 말했어.

"이것이 무엇이오? 이렇게 번쩍번쩍 빛나는 돌덩이는 어려서부터 마를 캐던 땅에 많이 쌓여 있습니다."

공주가 깜짝 놀라서 대답했어.

"이것은 보물입니다. 그 황금을 부모님이 계신 궁전에 보내고 싶습니다. 지금쯤 제 걱정을 하며 후회하고 계실 것입니다."

서동은 당장 황금을 캤지. 그리고 용화산 사자사에 있는 지명 법사에게 옮겨 달라고 부탁했어. 지명 법사는 신통력으로 하룻밤 만에 신라 궁중으로 황금을 옮겼어. 그 뒤 서동은 선화공주와 결혼했고, 백제 30대 무왕이 되었어.

어느 날 무왕과 왕비가 사자사에 가던 중 용화산 아래 연못가에 이르렀을 때야. 갑자기 미륵삼존이 연못 가운데에서 나타났어. 왕과 왕비는 수레를 멈추고 정성을 들였어.

"폐하! 이곳에 큰 사찰을 짓는 것이 제 소원입니다."

왕비가 왕에게 부탁했어. 왕은 다시 지명 법사에게 연못을 메울 방법을 물었지. 법사는 이번에도 신통력으로 하룻밤에 산을 허물고 연못을 메워 평지를 만들었어. 무왕은 이곳에 사찰을 세우고 미륵사라 했어.

무왕과 선화공주 이야기는 진짜일까?

서동요는《삼국유사》에 기록되어 현재까지 전해오고 있어. 많은 사람들은 서동요를 국경과 신분을 초월한 아름다운 사랑 이야기로 널리 알고 있어. 그런데 정말로 설화 속 서동이 백제 무왕이 되었을까, 또 신라의 선화공주와 백제 무왕은 정말 결혼했을까?

선화공주는 신라 26대 진평왕의 셋째딸이야. 진평왕은 아들이 없고 딸만 넷이었어. 첫째는 27대 선덕여왕이야. 그러나 고대 사회에서는 공주는 거의 기록하지 않아서 선화공주에 대한 기록은 오직 서동 설화에만 등장하고 있어. 그래서 무왕과의 결혼 여부를 확신할 수는 없지.

그럼에도 불구하고 사람들이 오래전부터 백제 30대 무왕을 서동이라고 믿는 데는 이유가 있어. 무왕은 언제 어디서 태어났는지, 아버지가 누구인지 확실히 알려지지 않았어. 왕이 되기 전에 익산에서 마를 캐며 가난하게 살았다고 알려졌을 뿐이야.

그렇다면 서동이 어떻게 왕이 될 수 있었을까? 당시 백제는 왕위 계승이 불안정한 상황이었어. 위덕왕이 45년 동안 집권한 후 동생 혜왕이 즉위했지만, 1년 만에 세상을 떠났어. 뒤를 이은 법왕도 이듬해 사망했지. 연이은 왕위 공백과 혼란 속에서 출신이 명확하지 않은 무왕이 왕위에 올랐던 거야.

이후 2009년, 미륵사지 석탑을 해체하면서 무왕에 대한 새로운 사실이 밝혀졌어. 석탑 안의 사리 구멍에서 사리 그릇과 각종 공양품이 웅장하게 갖추어진 채로 발견되었어. 이때 사리장엄구와 함께 사리를 모시는 내력을 적은 《금제사리봉영기》가 발견되었어. 《금제사리봉영기》에는 "우리 백제 왕후는 좌평 사택적덕의 딸"이라는 문구가 나왔어. 학계는 선화공주가 무왕의 왕후가 아닐지도 모른다는 사실로 술렁였어.

이런 역사적 사실과는 별개로 나는 서동 설화 자체를 한 편의 아름다운 사랑 이야기로 기억하면 좋겠다고 생각해. 서동요는 당시 평민과 공주라는 엄청난 신분 차이를 극복한 결혼으로 평민들에게 희망을 주었고, 엄격한 신분제의 벽을 넘은 상징적인 이야기였어. 더불어 백제와 신라의 국경을 뛰어넘은 사랑으로 지금까지 널리 사랑받고 있으니까.

이와 관련해서 미륵사의 건립은 선화공주의 소원으로 시작되었지만, 공주가 세상을 떠난 뒤에 다음 왕후였던 사택적덕의 딸이 석탑을 완성했을 거라는 가능성이 제기되었어. 《금제사리봉영기》가 나온 석탑은 세 개의 탑 중에서 맨 마지막에 완성됐을 거라고 보기 때문에 근거 있는 해석이야. 또한 《삼국사기》에 무왕이 신라와 혼인 관계를 맺었

《금제사리봉영기》 앞면과 뒷면에 칼을 이용하여 글자를 새기고, 획을 따라 붉은빛이 나는 광석을 입혀서 글자가 선명하게 보이도록 만들어졌어. (국립익산박물관 소장)

다는 기록이 남아 있고, 당시에는 왕비가 여러 명인 경우가 흔했기 때문에 이 《금제사리봉영기》의 기록만으로 선화공주가 왕비가 아니라고 단정할 수는 없는 거지.

백제의 왕릉, 대왕릉과 소왕릉

익산에는 백제의 왕릉인 쌍릉이 있어. 약 3분이면 갈 수 있는 가까운 거리를 두고 북쪽에는 '대왕릉', 남쪽에는 '소왕릉'이 있어. 두 무덤은 비슷해 보이지만, 대왕릉이 소왕릉보다 조금 더 커.

대왕릉은 '굴식돌방무덤'으로, 동그란 무덤 안에 반듯한 네모 방이 있고 천장은 평평한 돌로 덮여 있어. 한번 입구를 찾으면 무덤 안까지 쉽게 들어갈 수 있는 구조였어. 게다가 대왕릉은 부장품도 대부분 관 바깥에 놓여 있어서 도굴되기 쉬운 무덤 구조였어.

《고려사》에는 고려 충숙왕 때 도적들이 무덤을 파고 금을 훔쳐 갔다는 기록이 있어. 그래서 1917년 일본이 처음 발굴했을 때, 부장품은 거의 남아 있지 않고, 썩은 목관, 꾸미개, 토기 등만 있었어.

대왕릉 봉분의 규모는 지름 25m, 높이 4m가량이고, 7세기 백제 사비시대의 굴식돌방무덤이야.

소왕릉 봉분의 규모는 지름 13m, 높이 3m 정도야.

대왕릉의 나무 널 1917년 대왕릉 돌방 안에서 수습했어. 길이 255cm, 폭 76cm, 높이 65cm 정도야. (국립익산박물관 소장)

2017년 다시 시작된 대왕릉 발굴 조사 중에 인골 120조각을 찾아서 자세히 분석했어. 그 결과 이 무덤에 묻힌 사람의 키는 161~170㎝, 나이는 50대 이상, 태어나고 죽은 때는 서기 620~659년으로 나왔어.

그리고 대왕릉에서 발굴된 나무 널은 죽은 왕을 무덤까지 운반하는 들것이었어. 나무 널은 고급 목재, 금동제 못, 금속 공예품으로 만들어졌어. 이렇게 화려하게 꾸민 나무 널은 조문하러 온 타국의 사신들에게 나라의 품격을 과시하는 효과가 있었거든.

이러한 정황에 꼭 맞는 백제의 왕은 무왕이 유일해. 무왕은 600년에 즉위해서 641년에 사망했거든. 《삼국사기》 기록에도 "무왕은 풍채가 훌륭하고 뜻이 호방하며, 기상이 걸출하다"는 내용이 있어. 대왕릉에서 발견된 목관은 국립익산박물관 전시실에 소장되어 있으니 찾아가 보렴.

다음으로 소왕릉의 주인은 누구일까? 아쉽게도 소왕릉은 석실 내부가 깨끗해서 주인을 알 수 있는 유물이 나오지 않았어. 혹시나 해서 적외선 촬영도 해 보았지만, 아무것도 없었어. 그래도 조사를 통해서 소왕릉이 대왕릉보다 먼저 축조됐을 가능성이 높다는 사실은 알아냈어. 두 무덤이 아주 가까이 있는 것으로 보아 무왕보다 먼저 죽은 왕비의 무덤일 것이라고 추측할 뿐이야. 언젠가는 소왕릉의 주인이 누구인지 비밀이 풀리길 기대 중이야.

지금 익산에서는

‘서동축제’에서 만나는 백제 무왕

‘서동축제’는 익산을 대표하는 축제야. 매년 5월이면 익산 시내와 금마면 미륵사지 일대, 그리고 서동공원에서 열리는 백제 무왕을 널리 알리는 행사야. 시민들이 행사를 즐기는 축제의 장이야.

서동축제는 서동이 백제 30대 대왕으로 즉위하고 민생을 돌보는 행차 퍼레이드부터 시작해. 익산 시내 중앙체육공원 앞 도로에서 기마대 행진, 백제주작기 행진, 무왕이 탄 마차, 해외 사신단, 백성들과 함께하는 퍼레이드가 즐겁게 열리곤 해. 퍼레이드에는 어른들뿐만 아니라 어린이들도 백성으로 적극 참여해서 축제를 즐길 수 있어.

서동축제는 무왕의 도장 스탬프 투어, 어린이 서동요제, 서동 K-POP 댄스대회, 백제 병사 체험, 소원등 만들기 등 다양한 행사

서동축제 개회식 중앙체육공원 앞 도로에서 펼쳐지는 무왕 행차 중 일부야.

와 체험으로 이루어져 있어. 다양한 볼거리로는 서동별빛정원, 소원 등불이 은은하게 빛나는 한지등 산책로, 백제 유등 전시, 금마 주민들이 주도하는 서동 깃발전 등을 감상할 수 있어. 다양한 볼거리와 즐길거리가 있는 서동축제로 너희들을 초대할게.

4

왕궁리 유적지

왕궁리 유적지 (사진·익산시청)

백제 무왕의 꿈을 품은 궁궐

무왕의 고향은 익산이야. 그는 왕이 된 후에 금마저 용화산 남쪽 끝에 웅장한 왕궁을 지었어. 왕궁은 주변보다 높게 만들어서 웅장함을 더했어. 왕궁리 유적은 대형 건물 터, 공방 터, 부엌 터, 화장실 터 등이 넓게 펼쳐지는 백제 궁궐터야.

그런데 무왕은 왜 왕궁리에 웅장한 궁궐을 만들었을까?

무왕은 어떤 왕보다 강한 왕이 되고 싶었어. 즉위 초에는 신라에 힘이 밀렸으나, 포기하지 않고 신라 진평왕과 계속 공방전을 벌였어. 그 결과 마침내 진평왕 말년에는 무왕 쪽으로 대세가 기울었어.

무왕은 부여의 사비성을 고치고, 금마저에 새로운 왕궁을 세우면서 왕권을 강화하고자 노력했어. 지금의 익산으로 도읍을 옮기고 백제의 부흥을 이루려고 노력했지.

그러나 무왕은 꿈을 이루지 못하고, 641년에 사망했어.

그 후 맏아들 의자가 왕이 되었는데, 그가 바로 백제의 마지막 왕 의자왕이란다. 무왕의 간절한 바람과 달리 백제는 신라와 당나라 연합군에 무너지고 말았지.

왕궁리에는 있는 건물들

왕궁리에서는 농부들이 논밭을 갈다 보면 유물이 나오고 또 나왔어. 사람들은 중요한 옛터가 있음을 직감하고 본격적으로 왕궁리 발굴을 시작했어.

왕궁리는 처음부터 치밀한 계획으로 조성해서 왕궁의 공간 분할이 명확했어. 남북 490미터, 동서 240미터에 이르는 커다란 궁궐 담장이 있고, 왕궁 내부에서는 대형 건물 터, 부엌 터, 정원과 후원, 화장실과 공방 터 등이 있어.

대형 건물터는 왕이 살던 정전으로 '왕이 거처하는 곳'을 뜻하는 '수부(首府)'라고 새겨진 기와와 연꽃무늬 수막새가 다수 출토되었어.

공방 터에서는 유리, 금, 은을 녹일 때 쓰던 그릇인 도가

니와 금제품이 함께 발견되었어. 이곳에서는 왕실에서 사용하는 금과 유리와 같은 값비싼 사치품을 만들었던 것이 분명해.

부엌 터는 다른 곳보다 늦은 2015년에야 발굴되었어. 부엌 터에서는 백제시대에 사용하던 철제 솥을 처음으로 발견했고, 불에 탄 흙과 검붉게 변한 벽, 숯이 깔렸던 흔적이 남아 있는 바닥을 발견했어. 그리고 부엌에서 나온 설거지물이 밖으로 잘빠지도록 배수로가 연결되어 있었어.

왕궁리 오층석탑

왕궁리 유적지 안에 남아 있는 유일한 지상 구조물은 왕궁리 오층석탑이야. 왕궁의 마지막 모습이 불교 사원이었음을 증명해 주는 자료이지. 왕궁리 오층석탑은 무왕이 죽은 뒤 '왕궁사'로 이름과 용도가 바뀐 뒤에 세워진 것으로 추측해.

왕궁리 오층석탑은 대표적인 백제계 석탑으로, 삼국과

고려를 연결하는 특별한 탑이야. 처음에는 통일신라 초 건립한 것으로 봤지만, 지금은 통일신라 말 또는 고려 초 건립한 것으로 보는 견해가 다수야. 오층석탑은 백제계 석탑 양식에 신라 탑의 형식이 일부 어우러졌고, 고려시대까지 이어진 특별한 탑이야.

오층석탑은 1965년, 1층 탑신부가 심하게 벌어져서 해체, 보수 공사를 했어. 이때 탑을 받치고 있던 기단부와 1층 지붕돌 윗면 사리구멍에서 사리장엄구를 발견했어. 이

금제 사리상자(오른쪽)와 유리제 사리병(왼쪽) 왕궁리 오층석탑 1층 지붕돌 윗면 사리 구멍에서 발견했어. (국립익산박물관 소장)

◀ **왕궁리 오층석탑** 백제계 석탑 양식을 따른 통일신라 또는 고려 초기 석탑이야. 1965년~1966년 해체, 수리 복원했어. 높이는 약 9.3m야.

금과 은으로 만든 금강경 왕궁리 오층석탑 1층 지붕돌에서 발견했어. 은판 19장에 금강경 전체를 옮긴 후 도금했어. (국립익산박물관 소장)

곳에서 금강경판 19매, 유리제 사리병 등이 나왔어. 훼손이 거의 없는 완벽한 상태였어. 그리고 1층 심주석 사리구멍에서는 금동여래입상과 청동방울이 나왔어. 탑 속의 유물들은 백제에서 고려에 이르는 여러 시기의 것이었어.

근래에는 미륵사지 금동제 사리외호와 왕궁리 오층석탑 금제 사리내합의 무늬를 비교해서 백제 때 건립된 것이 아닌가 생각하기도 한다고 해.

제석사지 폐기물장

왕궁리 유적지에서 1킬로미터 떨어진 곳에 '제석사지'라는 절터가 있어. 제석사는 백제 왕실이 잘되고 평안하기를 기원하려고 지었던 사찰이야. 백제의 사찰 중 미륵사지 다음으로 큰 규모였어. 1993년 제석사지를 조사하던 중에 '제석사'라는 이름이 적힌 기와도 나왔지.

한편 중국에서 불경을 기록한 《관세음응험기》에 백제 제석사에 관한 기록이 있어.

무왕이 금마저로 천도해서 정사를 지었는데, 천둥과 비가 내리치던 639년 겨울 어느 날 불에 탔다.

이후 제석사를 다시 짓고 불탄 건물의 잔해는 약 500미터 떨어진 곳에 버렸다고도 했어.

그런데 2003년에 진짜로 폐기물장이 발견되어서 모두 깜짝 놀랐어. 가마터로 알려진 곳을 조사하던 중 다양한 유

소조 천부상 머리 백제 제석사지 폐기장에서 출토되었어. 나무 뼈대에 흙을 겹겹이 발라 얼굴을 표현해서 입체감이 탁월해. (국립익산박물관 소장)

물들이 출토되었지 뭐야. 더 조사해 보니 정말로 제석사 화재 폐기물을 버린 곳이었어. 불에 탄 기와, 살짝 웃음을 머금고 있는 천부상, 비탄에 빠진 표정의 승려상, 고통스럽게 일그러진 표정의 악귀상 등이 출토되었어.

비슷한 소조상이 부여 정림사지와 중국, 일본에서도 출토되어서 당시 백제의 국제성과 독창성을 보여 주는 자료로 평가받고 있어. 국립익산박물관에 소조상을 볼 수 있으며, 제석사를 재현한 미니어처도 있으니 기억해 두렴.

백제 궁궐에는 공중화장실이 있었다?

왕궁리 유적지에서 가장 신기했던 곳은 삼국시대 최초로 발견된 대형 화장실이야. 이 화장실은 바로 옆 공방에서 일하는 장인들이 함께 사용했던 것으로 추측해. 여럿이 사용하는 화장실은 길이 10.8미터, 깊이 3.4미터의 구덩이를 파고, 그 위에 나무를 걸쳐 놓았지.

벽에는 점토를 발라 나쁜 내용물이 땅으로 들어가서 지하수를 오염시키는 것을 막았어. 게다가 화장실을 경사진 언덕 위에 만들어서 배설물이 차면 자동으로 빠져나가도록 물길을 만들었어. 지금 우리가 쓰는 수세식 화장실 정화조 원리와 비슷한 과학적인 설계가 돋보여서 깜짝 놀랐어. 백제 사람들이 무척 똑똑했던 것 같아.

그런데 여기가 화장실인 것은 어떻게 알았을까? 처음에는 유적을 발굴하는 사람들이 구린내가 난다며 화장실이

뒤처리용 막대기 화장실 구덩이에서 나온 막대기로, 길이는 약 23~25cm야. (백제왕궁박물관 소장)

화장실 유적지 경사진 물길을 따라 만든 야외 공중화장실이야. 방문 당시에는 공사 중인 모습이야.

었을지 모른다고 농담처럼 말했대. 이후 흙을 검사해 보고 깜짝 놀랐지. 회충, 편충과 같은 기생충 알이 엄청나게 많이 나왔거든.

화장실 터에서는 휴지 대용으로 사용한 뒤처리용 막대 6점이 출토되었어. 발굴하는 사람들은 한 손으로 잡기 좋은 크기의 매끈하고 길쭉한 막대를 손으로 만지곤 했대. 나중에 화장실용이라는 것을 알고 나서 냄새를 맡아 보니 막대에서도 구린내가 났다는구나. 분명 손으로 만진 것을 후회했을 거야!

유네스코 세계유산, 백제왕궁박물관

유네스코는 미륵사지와 백제 왕궁리 유적지를 세계유산 백제역사지구로 지정했어. 백제역사지구는 백제의 도읍과 백제 후기 문화를 대표하는 익산시, 공주시, 부여군의 왕성, 사찰, 왕릉, 외곽성 8곳으로 구성되어 있어. 공주와 부여의 6곳은 공주 공산성, 무령왕릉과 왕릉원, 부여 관북리 유적과 부소산성, 왕릉원, 정림사지, 나성이야.

이 중에서 왕궁리 유적에 대해 자세히 알려면 '백제왕궁박물관'을 관람하면 돼. 박물관 1층에는 백제 왕궁실, 열린 수장고, 기획전시실, 왕가의 서가, 백제왕궁 가상체험관이 있어. 그리고 2층에는 어린이 디지털 체험실도 있어.

백제 왕궁실은 방문객들의 이해를 돕기 위해 왕궁리 유적을 미니어처로 꾸며서 왕궁의 건축과 구조를 보여 주고 있어. 정전 터에서 발견된 기와, 변기 모양 토기, 뒤처리용 막대, 공방에서 쓰던

백제왕궁박물관 왕궁리에서 출토된 유물들을 전시, 보관하고 있어. 박물관을 관람하며 부엌 터에서 나온 철제 솥을 찾아보렴

도가니, 부엌 터에서 나온 철제 솥 등을 직접 볼 수 있어. 어디쯤 전시되어 있는지 하나씩 찾아보는 것도 재미있을 거야.

그리고 첨단 디지털 기술로 만들어진 무왕과 선화공주의 홀로그램을 마주할 수 있으며, 실내 발굴 체험실에서는 홀로그램을 통해서 석탑에서 출토된 사리함과 유리병을 입체적으로 살펴볼 수 있단다. 모든 것을 다 보고 나오는 길에는 백제시대 의상을 입고 전통 복식 체험을 하면서 추억을 만드는 것은 어떨까?

5

익산 화강암

황등석산 채굴 현장

석공 아사달의 슬픈 사랑 이야기

백제 사비성에는 유명한 석공 아사달이 있었어.

아사달은 아사녀와 결혼한 지 얼마 되지 않았어. 어느 날 신라 재상 김대성은 뛰어난 솜씨를 지닌 아사달에게 불국사의 석탑을 만들어 달라고 부탁했어.

"아사녀, 내가 얼른 석탑을 만들고 돌아오리다."

아사녀는 아사달이 탑 만드는 일을 얼마나 좋아하는지 잘 알고 있었기에 붙잡지 않았어. 아사달이 무사히 다녀오기만을 기다렸지.

그런데 일 년이 가고, 이 년이 가고, 삼 년이 가도록 아사달은 소식이 없었어. 아사달이 그리운 아사녀는 무작정 신라 불국사로 찾아갔어.

"스님, 아사달 님에게 아사녀가 왔다고 전해 주세요. 당장 뛰어나오실 겁니다."

아사녀가 울면서 간절히 부탁했지만, 아사달을 만날 수

는 없었어. 불탑이 완성될 때까지 여자를 만나면 안 된다는 금기 때문이었어. 아사녀는 매일 불국사 앞을 서성였어. 행여나 지나가는 남편을 볼 수 있으려나 기대하고 말이야.

이를 안타깝게 여긴 스님이 말했어.

"여기서 멀지 않은 곳에 작은 연못이 있습니다. 지성으로 빈다면 석탑이 완성되는 대로 탑의 그림자가 연못에 비칠 것입니다. 그러면 남편을 만날 수 있을 것입니다."

아사녀는 하루도 빠지지 않고 연못으로 가서 탑의 그림자가 비치기를 바랐어. 그러나 시간이 흘러도 그림자는 비치지 않았어. 기다리다 지친 아사녀는 절망감에 연못에 몸을 던졌지.

시간이 흘러 아사달은 멋진 탑을 완성했어. 탑이 완성되기를 기다리던 스님이 말했어.

"아사달, 부인이 근처 연못에서 기다리고 있소. 어서 가 보시오."

아사달은 부리나케 연못으로 달려갔어. 그러나 아사녀는 그곳에 없었어. 아사달은 슬픔에 잠겨서 하염없이 연못을 바라보고 있었어.

그때였어. 연못 너머 바위에 아사녀가 환하게 웃고 있지 뭐야.

"아사녀! 아사녀!"

아사달은 한달음에 달려가서 아사녀를 껴안았어.

그런데 그것은 차가운 돌이었어.

잔뜩 실망한 아사달은 그 바위에 아사녀를 새기기 시작했어. 그리움과 슬픔, 괴로움으로 새기는 아사녀의 모습은 시간이 흐를수록 부처님의 모습으로 변해 갔어.

훗날 사람들은 그 연못을 그림자 연못 '영지'라 불렀고, 불국사의 석가탑은 그림자 없는 탑 '무영탑'이라고 불렀어.

지금까지 들려준 아사달과 아사녀의 사랑 이야기는 1939년 현진건의 소설 《무영탑》에 실린 이야기야. 옛날부터 전해오는 설화로 잘못 알려질 만큼 널리 알려진 이야기란다.

특히 아사달은 백제의 석공을 대표하는 장인의 대표적 이름이 되었지.

백제 석공들은 참으로 대단했어. 왜냐고? 삼국시대 최초의 석탑, 미륵사지 석탑을 만들었잖아. 현재 6층까지만 남았지만, 처음에는 9층 높이였다니 얼마나 대단한 일이야.

더 놀라운 일은 단단한 화강암을 나무처럼 부드럽게 다듬은 훌륭한 석공 기술이야. 지금처럼 무거운 돌을 옮기는 크레인과 단단한 돌을 매끄럽게 갈아 주는 기계도 없었을 텐데, 그들이 얼마나 정성을 다했을지 짐작도 할 수가 없구나.

백제 석공들이 선택한 익산 화강암

백제 사람들은 손재주가 뛰어났어. 돌을 다루는 기술도 뛰어나고, 보석 세공 기술도 뛰어났잖아. 그들이 돌을 다루는 기술이 발전한 것은 황등, 함열에 가득한 질 좋은 화강암 덕분이야. 익산 인근에서 질 좋은 화강암을 쉽게 구할 수 있으니 자연스럽게 석공 기술이 발전한 것이지.

미륵사지 석탑은 1,400년의 세월 속에서 무너져 가고 있

황등역 익산의 황등, 함열 등에는 가까운 곳에서 질 좋은 화강암을 쉽게 구할 수 있어 석공 기술이 발전할 수 있었어.

었어. 이것을 20년간 정성 들여 보수했지. 석탑을 해체하고 다시 세울 때는 백제시대에 쌓았던 돌과 새롭게 다듬은 현재의 돌을 함께 사용했어. 당연히 익산에서 나는 질 좋은 화강암을 다듬어서 탑에 쓰일 새 돌을 만들었어. 그래서 미륵사지 석탑을 보면, 옛날 돌과 새 돌이 섞여 있는 걸 한눈에 알 수 있어. 오래된 돌은 세월이 지나면서 색이 어둡게 바래고 거칠어졌고, 새 돌은 깨끗하고 밝은색을 띠고 있어.

황등석 황등석은 하얗고 매끈해서 예술작품처럼 아름다워. 석제품전시홍보관에 가면 황등석산에서 나온 황등석을 볼 수 있어.

파도 파도 끝없는 커다란 돌산, 황등석산

익산에는 얼마나 많은 화강암이 묻혀 있을까? 어쩌면 파도 파도 끝없는 커다란 돌산이 있는 것일까? 바로 맞혔어. 황등면 이곳저곳에는 커다란 돌산이 있어. 그중 대표적인 한곳이 황등석산이야.

황등석산은 커다란 돌산을 두부모처럼 네모나게 위에서부터 자르면서 밑으로 내려가는 방법으로 채굴 중이야. 공업용 다이아몬드를 이용해서 최소한의 소음으로 깔끔하게 채굴하기 때문에 인근에 주택가가 있어도 가능해.

황등석산은 삼국시대에도 높다란 돌산이었대. 본격적으로 석산 개발이 시작된 것은 조선 철종 9년(1858년)이야. 청나라 사람들이 석산을 개발해 운영하였고, 일제강점기에는 일본인들이 계속 운영했어. 당시에 석조건물이 많이 건설되기 시작하면서 황등석이 건축자재로 널리 사용되었어. 특히 일제강점기에는 품질 좋은 황등석을 일본으로 가져갔어. 굳이 무거운 돌덩어리를 황등역에서부터 기차에 싣고 군산역으로 이동해서 일본까지 배로 가져갈 만큼 품질이 뛰어났거든. 황등 화강암은 황등석이라고 따로 이름 붙여질 정도로 이름값을 톡톡히 하고 있었던 거지.

황등석은 하얗고 깨끗한 것이 장점이야. 일반적으로 붉은색을 띠는 화강암은 철분이 많아서 시간이 흐르면 녹물이 생겨. 하지만 황등석은 오랫동안 깨끗함을 유지해. 또한 물을 잘 흡수해서 외벽으로 써도 더러움을 덜 타는 장점이 있어. 흰색 화강암은 흰옷을 즐겨 입은 우리나라 사람들과도 잘 어울리고, 불교 조각품을 만들 때도 깨끗한

- 과거의 채석 도구

쐐기 구멍에 쐐기를 넣어서 메망치로 힘을 가해서 돌을 나누는 데 사용했어.

정 돌을 쪼거나 파거나 쪼개는 데 사용해. 큰 돌을 쪼개는 무거운 정, 돌 표면을 다듬는 쪼는 정, 조각과 글씨를 쓰는 조각 정이 있어.

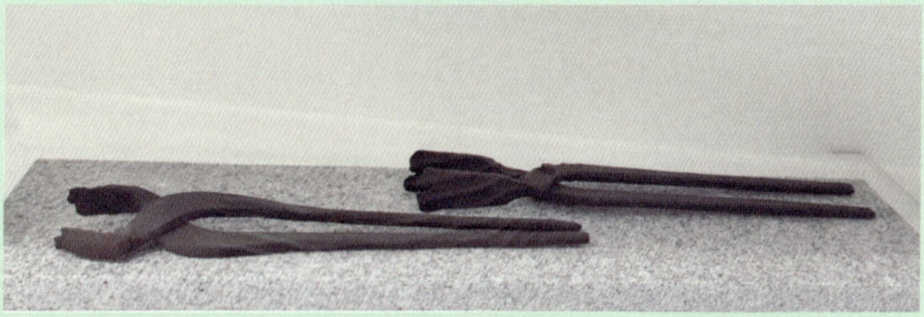

집게 대장간에서 돌 깨는 정을 만들 때 사용해.

표면과 흰색으로 높이 평가받고 있어. 그렇지만 우리는 언제까지 황등석을 캘 수 있을까? 조만간 황등석의 매장량이 바닥을 드러내는 날이 올지도 몰라.

2024년 여름, 황등석산과 익산시는 언젠가 다가올 미래를 준비하기 시작했어. 자칫 흉물이 될지도 모르는 채석장을 문화예술공원으로 탈바꿈시키려고 준비 중이야.

오늘도 돌을 캐는 황등석산에는 아주 깊고 넓은 공간이 만들어지는 중이야. 위에서 보면 채석하는 포클레인이 장난감처럼 작아 보여서 신기해. 사방을 둘러싼 거대한 벽은 부드러운 치즈나 두부를 칼로 잘라 낸 것처럼 반듯하고 매끈해. 매끈한 화강암 단면은 마치 대리석 건물을 보는 듯 오묘하고 웅장한 아름다움을 가졌어.

오랜 세월의 흔적을 품은 황등석산은 조만간 멋진 예술공원으로 재탄생할 계획이야. 이곳이 문화예술공원으로 바뀌면 정말 웅장할 것 같아. 그때가 되면 꼭 찾아와서 황등석의 아름다움을 가까이에서 느껴 보길 바랄게.

지금 익산에서는

'익산석제품전시홍보관'에서 만나는 돌 문화

익산은 우리나라에서도 아주 유명한 돌 문화의 도시야. 1970년부터 1990년 중반까지는 익산에 황등, 함열, 금마, 낭산 등 여러 곳에 돌을 캐는 채석장 52곳이 있었고, 274곳의 돌 가공 공장이 있었지. 그때 약 1,900명의 사람들이 돌과 관련된 일을 했단다. 어마어마한 인기였지.

지금도 매년 가을이면 전국 돌 문화 축제를 개최하면서, 천 년 전 백제 장인들의 뛰어난 재주와 예술정신을 이어 가고 있어. 특히 '익산석제품전시홍보관'에는 백제 사람들이 돌을 어떻게 다뤘는지, 그 기술이 오늘날에 어떻게 바뀌었는지 알 수 있어.

커다란 돌이 어떻게 우리가 쓰는 일상 속 물건으로 바뀌는지 궁금한 친구들이 많을 거야. 요즘은 화약을 터뜨려 원석을 캐거나, 공업용 다이아몬드가 박힌 와이어를 이용해서 정교하게 잘라내는 방법을 쓰고 있어. 돌을 자르고 난 뒤에는 원석을 가공하는

익산석제품전시홍보관 입구 익산 화강암으로 조각한 서동과 선화공주의 석상이야.

데 여러 가지 기계들이 등장해. 단단한 돌에 구멍을 뚫는 크롤러 드릴, 정해진 모양으로 돌을 자르는 석재 조각기, 물줄기로 돌을 자르는 워터젯 가공기 같은 편리한 기계들이지.

하지만 옛날에는 사람들이 직접 손으로 돌을 다듬었어. 전시관에서는 과거에 쓰던 도드락 망치, 정, 모루, 쇠메, 쐐기, 먹통, 풀무 같은 도구들을 볼 수 있어. 백제의 석공들이 땀 흘리며 사용했던 연장들을 보고 있으면, 백제 석공들의 땀방울이 느껴지는 것 같아.

가람 문학관

제2부

익산에서 만나는 인물들

6

이규홍과 대한제국 의병들

이규홍 의병장 묘역비

의병장 이규홍 - 우리는 의로써 싸운다

1905년 일본이 대한제국의 외교권을 강탈하자 전국 각지에서 의병이 일어났어. 스물여섯 살이던 이규홍도 의병을 일으킬 결심을 했어.

"나라를 되찾기 위해서는 왜군과 전쟁할 수밖에 없다."

1906년 봄, 이규홍은 사람들을 모았어. 그리고 박이환, 문형모와 함께 정읍 태인에 머물렀던 의병장 최익현을 찾아갔어.

"가만히 앉아서 나라를 빼앗길 순 없습니다. 저희도 장군님과 뜻을 함께하겠습니다."

이규홍과 의병들은 굳건한 마음으로 최익현과 함께하기로 했지. 최익현은 1895년 상투를 자르라는 고종의 단발령에 "내 머리는 자를 수 있어도, 내 머리털은 자를 수 없다"라며 강하게 반대했던 조선의 관리야. 그는 서구 문물을 강하게 거부하고 우리 것을 지키려고 노력하면서, 1905년

의병장 이규홍 이규홍은 대한제국 말기 일제의 침탈 야욕에 맞서 의병을 일으켜 대항한 익산시의 인물이야. (사진·익산항일운동기념관)

을사늑약 이후로 의병 활동을 전개하고 있었지.

익산으로 돌아온 이규홍은 아버지에게 의병이 되겠다고 말했어. 당시 이규홍의 집안은 대대로 소문난 부자였어. 나라가 위급한 상황을 외면하고 가만히 있으면 편하게 먹고 살 수도 있었지. 하지만 아버지 이기영은 흔쾌히 허락했어.

"이제껏 우리가 나라에 혜택을 받았으니 이제 나라를 위해 나설 차례다. 곡식을 팔아서 군자금을 만들어 줄 테니 의병이 되거라."

이규홍은 아버지의 지원금으로 의병을 모아 순창으로

향했어. 그런데 최익현이 전투 중에 관군에게 체포되었다는 소식을 들었어. 이규홍은 망설이던 끝에 다음을 약속하고 의병을 해산했어.

그러나 다음 해에 쓰시마섬에 유배되었던 최익현이 순국하자 다시 의병이 되겠다고 결심했어. 아버지를 찾아가서 다시 한번 부탁했어.

"알겠다. 나라가 망하는데 재산이 무슨 필요냐? 땅을 팔아 줄 테니 너는 의병이 되어라."

아버지는 이번에도 아들에게 군자금을 만들어 주었어.

이규홍은 1907년 의병 100여 명과 함께 출범식을 했어.

"의(義)는 힘을 이긴다. 왜군은 힘으로 싸우지만, 우리는 의(義)로써 싸운다."

이규홍과 의병들은 익산의 익숙한 산, 강, 들, 마을 등과 같은 지형지물을 이용해서 싸웠고, 무기를 만드는 작업장까지 만들어서 싸웠어. 곧 일본군에 큰 타격을 입혔고, 의병은 1천 명으로 불어났지. 그러나 일본군도 가만 있지 않았어. 일본군은 전력을 다해서 반격해 왔어. 의병들은 진안, 장수, 용담 일대로 옮겨 다니며 전투를 벌였어. 하지만 5개월간 치열하게 싸웠던 이규홍과 의병들은 추위와 배고픔으로 대전에서 해산해야 했어.

"이규홍을 잡는 자는 4,000원의 현상금을 주겠다."

일본군은 이규홍을 잡는 데 엄청난 힘을 썼어. 이규홍은 대전에서 피신 생활을 하던 중 1917년 일본군에게 발각되었지만, 가까스로 도망쳤지. 그길로 집안의 재산을 팔아서 만든 군자금을 가지고 1918년 5월 상하이 대한민국 임시정부로 갔어. 이후 군자금을 전하고 다시 돌아와서 활동하던 중 1924년 체포되었고, 모진 고문을 받고 풀려났어. 하지만 결국 1929년 병으로 돌아가셨지. 그때 이규홍의 장례비용이 없어서 빚을 얻을 만큼 집안이 가난해졌어. 그 많던 재산을 모두 의병 활동에 썼던 거야.

이규홍은 1881년 익산 두천면 관동에서 태어났어. 어린

시절부터 학문에 탁월했고, 20세에 중추원 의관직에 올랐어. 그리고 나라가 위태로워지자 나라를 위해 목숨을 바치겠다고 결심했지.

대부호였던 그의 가문은 독립운동을 하지 않았으면 편안히 지낼 수 있었을 거야. 그런데 티끌만큼의 망설임도 없이 의병 활동에 참여했어.

이규홍은 《오하일기》에 익산의 의병 활동을 상세히 기록했어. 《오하일기》는 이규홍이 대전에서 피신 중에 작성한 기록이야. 1906년 초부터 1907년 4월까지 의병 투쟁 과정을 일기처럼 기록했고, 일기 끝에는 상하이 망명 이후 1920년 북간도에서 김좌진 장군을 만나고 1924년 일본에 체포되기까지의 행적을 간결히 기술했어. 일기의 원본은 독립기념관에서 소장하고 있어.

나라를 위해 싸운 익산의 의병들

박이환

최익현의 체포로 의병이 해산되자, 박이환은 1907년 10월까지 의병을 모으고 형이 제공한 군자금으로 총기와 탄환, 칼을 준비하여 재의거에 대비했어. 그리고 이규홍을 의병장으로 추대하고 자신은 부장이 되어 이규홍 의병대가 해산할 때까지 함께했어. 해산 후에는 1914년 대한독립의군부가 창립되었음을 알고 익산, 임피 지역의 대표로 활동했어. 그러나 일제에 행적이 드러나 활동이 어려워지자 숨어 살았어. 이후 1953년 돌아가셨어.

문형모

문형모는 군산 옥구 출신으로, 이규홍 의병대의 참모장이었어. 박이환과 마찬가지로 이규홍의 의병대 해산 후 다시 싸울 기회를 노리다가, 대한독립의군부에 합류해서 호

의병 박이환 박이환은 이규홍 의병대, 최익현 의병대, 대한독립의군부에서 활동했어. (사진·독립운동인명사전)

남 통신국장으로 활약했어. 그러나 일제에 거사 계획이 발각되어 실패했어. 그 뒤 문형모는 만주로 망명해서 항일 투쟁을 전개했고, 1952년 돌아가셨어.

김흥여

김흥여는 이규홍 의병대가 해산된 이후에도 동료 의병 수십 명과 함께 항일 유격전을 전개해 나갔어. 그러나 일본군의 공세가 거세지던 1909년 2월, 익산 군내에서 활동하다가 붙잡혀 징역 7년형을 선고받고 감옥에서 고생했어.

박영오

박영오는 1907년 이규홍 의병대에 가담하여 부장으로 활동했어. 의병대가 해산된 뒤에는 소수의 부대원을 이끌고 독자적인 의병대를 조직하여 군자금 모집에 나섰어. 그는 익산군과 김제군 일대에서 의병 활동을 전개했어. 1910년 4월 일본군에 붙잡혀서 총기와 탄약 등을 압수당하고, 징역 15년형을 선고받았어.

문형모와 박이환이 활동했던 '대한독립의군부'는 1912년 고종의 밀명을 받고 비밀리에 조직한 국내 독립운동 단체야. 대한독립의군부는 1914년 일본 관리, 조선총독부 등 360곳에 국권반환요구서를 일제히 발송하고, 일본군 철병을 요구했어. 그리고 일본을 몰아내기 위한 의병 전투를 준비했어. 하지만 김창식이 붙잡혀서 조직이 발각되었고, 대한독립의군부는 해체되었어.

익산에는 이규홍 의병대 말고도 1907년 정미의병 활동

정미의병 익산에는 이규홍 의병대 말고도 1907년 정미의병 활동 기간 박관옥, 송태식, 박복순 등 많은 의병들이 활동했어. (사진·위키피디아)

기간 많은 의병들이 있었어. 농사를 짓던 박관옥과 송태식, 도자기를 만들던 박복순, 45세의 나이에 의병이 된 송진행, 의병 활동 중 사망한 서성군, 양중석, 최윤보 같은 이들이 있었지. 나이도 직업도 다르지만, 나라를 지키겠다는 마음으로 용감하게 싸운 의병들이었어. 우리 이들의 이름을, 용기를 꼭 기억하자.

지금 익산에서는

익산근대역사관

'익산근대역사관'은 독립운동가이자 의사였던 김병수가 1935년 지은 삼산의원 건물을 재사용하고 있어. 이 건물은 외벽에 수평의 띠 모양을 돌출시킨 장식과 건물 입구의 아치형 현관이 아름다운 근대 초기 건축물이야. 서양의 고전적 건축 양식이 일제강점기를 거쳐서 근대 건축 양식으로 바뀌는 과정을 보여 주고 있어서 역사적 가치가 높은 건물이야.

이 건물이 더욱더 특별한 점은 중앙동 구 삼산의원 건물을 100조각 넘게 잘라서 현재의 문화예술 거리로 옮겨와 복원했다는 거야. 매우 특수한 사례를 보여 주는 근대 문화유산이기 때문에 건축 전문가들의 발길이 많은 곳이야.

익산근대역사관은 1층 전시실의 왼쪽 벽면에는 해방 후 은행 건물로 사용할 때 설치한 금고와 창문틀을 그대로 전시했어. 그리고

익산근대역사관 2017년 구 삼산의원 건물의 절단과 해체를 시작해서 2019년 개관했어. 외벽에서 붙인 부분을 찾아보렴. 건물은 등록문화재로 지정되었어.

익산의 항일운동과 7인 독립유공자를 알리고, 이리역이 생기면서 급속도로 변화하는 과정, 익옥수리조합, 산미 증산계획 등 익산의 근대 역사를 한눈에 볼 수 있도록 체계적으로 설명하고 있어. 2층은 체험 공간과 이리역, 미륵사지 석탑 등의 미니어처, 김병수 흉상이 전시되어 있어.

7

문용기 열사와 독립운동가들

문용기 열사 동상

문용기 열사 – 한쪽 팔로 외친 대한독립 만세

1919년 4월 4일, 익산 장날이었어. 익산 사람들은 이날 일제히 들고 일어나서 만세 운동을 하기로 했어.

문용기는 만세 운동 선봉에 서기로 했어. 그는 오산면 남전교회의 장로였고, 만세 운동 전날에는 남전교회 교인들과 대형 깃발과 현수막, 태극기와 '독립선언서'를 제작하였어.

마침내 4월 4일 낮 12시, 장터 가득한 사람들 사이에서 조선 독립의 깃발이 솟았어. 그 깃발 아래에서 문용기는 우렁차게 독립선언서를 읽고, 우리가 왜 만세를 불러야 하는지 쩌렁쩌렁하게 말했지.

"대한독립 만세!"

문용기는 시위대의 선봉에 서서 조선 독립 깃발을 들었어. 이날 모인 1,000여 명의 군중들은 목숨을 건 전쟁 같은 시위를 했어.

문용기는 죽음을 각오하고 선봉에 섰어. 죽음을 무릅쓰고 덤비는 시위대와 문용기 앞에서 일본 헌병들도 눈이 뒤집혔어. 표적은 문용기였어! 한 일본 헌병이 칼을 휘두르며 태극기를 든 오른팔을 내리치자 문용기는 피를 철철 흘리며 왼손으로 만세를 불렀어. 곧 일본 헌병은 왼팔마저 잘랐어

"여러분! 여러분! 나는 이 붉은 피로 우리 대한의 새로운 정부를 도와서 여러분들이 대한의 새로운 국민이 되게 하겠소."

문용기는 피를 토하고 죽어 가면서도 사람들을 향해 소리쳤어. 그렇게 처절한 만세 운동이 끝나고 그는 길거리에 그대로 남겨졌어. 문용기의 아내는 남편의 시신을 가까스로 수습하고, 남편이 입고 있던 피 묻은 저고리와 두루마기를 항아리에 넣고 땅에 묻었어. 지금도 그 옷은 독립기념관에 전시되어 있어.

문용기는 1878년 오산면에서 태어났어. 그는 특이한 이

문용기 열사 문용기 열사는 만세 운동에 앞장섰다가 일본 헌병이 휘두른 칼날에 팔이 잘리면서도 만세를 멈추지 않았다고 해. (사진·위키피디아)

력을 가졌어. 일찍이 한학을 배워 인근 마을에서 서당 훈장을 지내고, 남전교회에서 신앙생활을 하다가 스물네 살에 신학문을 배우겠다고 군산 영명학교에 입학했어. 그는 이곳에서 신학문을 배우는 학생이면서 한문 선생을 겸했어.

1911년 학교를 졸업한 뒤에는 두만강에 인접해 있는 함경도로 향했어. 이곳에서 미국인이 운영하는 금광에서 통역사로 취직해서 돈을 벌어서 독립운동 자금으로 내놓았어.

이후 3·1독립만세운동이 일어나자 귀향하여 만세 운동을 준비한 거야. 문용기는 남전교회의 장만준, 전창연과 도

남학교 교사 김연인 등을 만나 만세 운동을 준비했어. 이리와 익산 일대의 교회와 지역 천도교와 연락하며 4월 4일 만세 운동을 준비했지. 익산의 천도교와 기독교는 3·1독립만세운동 초기부터 긴밀하게 연락을 주고받았어. 천도교 이리·익산 교구는 3월 1일에 전주 천도교로부터 독립선언서 500매와 만세 운동 방법을 전달받았어. 그리고 3·1독립만세운동을 준비했고, 이후 4·4만세운동을 주도한 남전교회에 적극 협조한 것이지.

문용기는 서당의 훈장으로 한문에 능통했고, 영어에 능통해서 미국인 통역까지 했던 지식인이었어. 그는 지식인으로서 얼마든지 잘 먹고 잘살 수 있었지만, 조선의 독립을 꿈꾸며 우리 곁에 영원히 남았단다.

만세 운동과 정거장 시위

익산의 만세 운동은 일본 경찰의 지속적인 방해로 어려웠어. 익산보다 먼저 3·1독립만세운동을 시작한 것은 인

남전교회 열사비(왼쪽)와 남전교회(오른쪽) 남전교회는 익산시 오산면 남전리에 있어. 이 밖에도 익산 고현교회, 서두교회, 제석교회도 항일 투쟁에 앞장섰어.

근 도시 군산이야. 3월 6일, 군산 장날로 거사일이 정해졌어. 그러나 먼저 알아챈 일본 경찰이 바로 전날인 3월 5일 군산 영명학교를 덮쳐서 교사 이두열, 김수영, 박연세 등을 체포했어. 주민과 학생들은 교사들의 석방을 요구하며 만세 시위를 벌였어.

익산에서 가장 먼저 만세 운동이 시작된 것은 1919년 3월 3일 고충권이 여산면에서 독립선언서를 배포하면서부터야. 그는 우리도 독립 만세를 부르자고 선동하다가 일본 경찰에게 체포되었어. 하지만 쉽게 포기하지는 않았어.

3월 10일에는 여산장터에서 이정, 박사국, 이병석 등이 지도자가 되어 200여 명의 군중을 이끌고 만세 시위를 벌이다가 체포되었어.

일본의 방해가 거세지자, 사람들은 천천히 조직적으로 움직였어. 익산 오산면 남전리에 세워진 남전교회 사람들이 중심이 되었어. 사람들은 이리역(익산역의 옛 이름)을 중심으로 '정거장 시위'를 벌였어.

기차에 탄 남전교회 사람들이 독립선언서를 배포하면, 승객들은 기차가 이리역에 멈추면 우르르 몰려나와 기차 안팎에서 만세를 불렀어. 그리고 일본 경찰이 오기 전에 다시 기차를 타고 떠나 버리는 거야.

일본 경찰은 조선인들이 몹시 얄밉고 화가 났을 거야. 익산 사람들은 잔뜩 화가 난 일본 경찰의 눈을 요리조리 피해 다니면서 서로 힘을 모아 4·4만세운동을 준비한 거야. 잃어버린 나라를 되찾고 싶은 간절한 소망이 만들어 낸 용기였지.

익산의 독립운동가들

박영문

박영문은 4·4만세운동에 참여했어. 서울중동학교에 다니던 때에 3·1독립만세운동이 일어나자 고향으로 돌아왔어. 그리고 금마면 시장에서 열린 만세 시위를 주도했고, 4월 4일에는 문용기 등이 주도한 만세 시위에 참가했지. 일본군은 수백 명의 소방대원과 일본인 농장 사람들을 끌어 모아서 칼과 곤봉, 갈퀴 등을 휘두르며 시위대를 해산하려 했어. 시위대의 선두에서 만세를 외치던 박영문은 일본군의 총탄을 맞고 사망했어.

임규

임규는 민족대표 33인과 함께 3·1독립만세운동을 준비한 민족대표 48인 중 한 사람이야. 임규는 익산 금마면 출신으로 스물아홉 살에 일본 유학을 갔어. 그는 일본어를

임규 임규는 3·1독립만세운동을 준비한 민족대표 48인 중 한 사람이야. (사진·독립기념관)

잘해서 독립선언서가 일본 언론과 정부, 국회에 알려지도록 전달하는 역할을 맡았어. 이 일로 체포되어 1년 7개월간의 감옥생활을 했어.

임영택

임영택은 우리 손으로 대학을 설립하는 것을 목표로 하는 민립대학설립기성회에 전북 지역 대표로 참여했어. 당시 일본은 조선인들을 쉽게 다스리려고 제대로 된 교육을 하지 않고, 수준 낮은 교육을 하는 우민화 교육을 하고 있었거든. 임영택은 1926년에는 익산청년연맹 창립 준비,

1927년에는 신간회 익산지회 설립에 앞장섰어.

이상운

이상운은 이리농림학교 재학 중 항일 무력투쟁을 목적으로 하는 비밀결사 조직 '화랑회' 대표를 맡았어. 이상운은 1943년 5월 장이규 등 20여 명과 함께 김제 금구면의 광산 탄약고에서 폭약을 탈취하여 김제경찰서를 습격한 후 목천교를 폭파하려고 계획했어. 그러나 전날 광산에서 살인사건이 일어나 경찰이 비상 경계를 해서 계획이 무산됐어.

1945년 4월, 조직이 발각되어 모두가 김제경찰서에 붙잡혀 갔어. 이 일로 수차례 고문을 받고, 1945년 7월 17일 병원으로 실려 가다가 돌아가셨단다. 그해 8월 15일이 우리나라가 해방된 뜻깊은 날이라 더욱 안타까운 일이 되었단다.

'익산근대역사관'에는 항일 독립투쟁에 몸과 마음을 바친 이리·익산 71인의 독립유공자들을 한 분 한 분 기록해 두었어. 모두가 자랑스럽고 숭고한 분들이야.

익산항일독립운동기념관

익산 인화동 남부시장 앞에는 익산 4·4만세운동을 기리는 '익산항일독립운동기념관'이 있어. 이곳은 일제강점기 농업 수탈의 현장이었던 대교농장 사무실 자리에 세워졌어. 대교농장은 오하시은행을 소유했던 오하시 요이치가 1907년 조선으로 건너와 설립한 농장이야. 그는 익산 시내 농지를 상당수 사들여서 대농장으로 만들고, 그 쌀을 일본으로 가져갔어.

대교농장 사무실은 2층 목조건물로, 현재 익산항일독립운동기념관 2관으로 사용, 보존되고 있어. 기념관은 3개 관으로 각각 건물이 달라.

1관 항일운동관은 익산의 4·4만세운동과 지속적으로 이어진 항일 과정, 익산 출신 의병장 오하 이규홍과 독립운동가이자 한글학자인 임규를 소개하고 있어.

익산항일독립운동기념관 1관 익산 4·4만세운동을 기리기 위해 일제강점기 농업 수탈의 현장이었던 대교농장 사무실 자리에 세워졌어.

2관 일제 수탈관은 우리 땅을 빼앗겼던 과정과 당시의 힘겨운 경제 상황을 전시했어. 천장은 대교농장 모습 그대로 나무판자와 전깃줄을 남겨 두어서 당시 건축 상황을 알 수 있어.

3관은 4·4만세운동관으로, 4·4만세운동에 앞장선 문용기 열사의 피 묻은 옷 복제품이 보관되어 있어. 진짜 옷은 독립기념관에 있지만, 복제품만 봐도 당시의 간절함이 전해져서 가슴이 뭉클해질 거야.

8

떡목 명창 정정렬

판소리 명창 정정렬 (사진·신나라뮤직)

떡목으로 판소리 명창이 되다

"사랑 사랑 사랑 내 사랑이야~."

"니가 무엇을 먹으랴느냐~."

아직 어린 정렬은 판소리 〈춘향가〉의 한 대목을 감칠맛 나게 불렀어.

정렬은 어릴 때부터 소리 재주가 뛰어났어. 그래서인지 일곱 살 때는 서편제의 대가 정창업 선생의 제자가 되었어. 정창업 선생은 전국에서 소리를 배우려고 찾아와도 쉽게 배울 수 없는 명창이었어. 운 좋게도 정렬에게 기회가 주어진 거야. 그런데 소리를 배우는 일은 엄청 힘들었어. 선생님이 한 번 불러 주신 노래는 무슨 수를 써서라도 반드시 외워야 했거든.

정정렬은 조선 말기에 태어났어. 당시 판소리는 입에서

입으로 전해졌고, 녹음기가 없었기 때문에 혼자 연습할 악보가 없었어. 스승에게 배운 소리를 제자가 이어 가면서 자신만의 독창적인 예술성을 더해서 새롭게 만들어야 했어.

정렬은 선생에게 혼나기 일쑤였지만 열심히 했어. '어떻게 하면 하루빨리 소리를 제대로 할 수 있을까. 특별한 방법이 없을까?'라며 방법을 찾아본 적도 있었지만 늘 열심히 노력했어. 하지만 정창업 선생과의 인연은 짧았어. 정렬이 열네 살이 되던 때에 정창업 선생이 돌아가셨거든.

그러던 중 미륵산 심곡사에 갔다가 두 번째 스승으로 명창 이날치 선생을 만났어. 하지만 소리를 배운 지 3년 만에 이날치 선생도 돌아가셨어.

"어쩔 수 없구나. 이제 혼자서 묵묵히 수련해야겠다."

정정렬은 익산 심곡사, 부여 무량사, 공주 갑사, 영천 은해사 등을 떠돌며 정창업, 이날치 두 분의 스승으로부터 이어받은 서편제 창법을 갈고 닦았어. 그러나 타고난 떡목이라 어려웠어. '떡목'이란 목소리가 탁하고 막힌 것처럼 들리고 거칠게 갈라지는 소리를 말해.

"시간이 오래 걸려도 나만의 새로운 소리를 찾아야 해."

정렬은 끝없는 노력 끝에 자신만의 소리를 찾아냈어. 25년간 혼자서 공부한 끝에 40세 무렵에 방법을 찾았어. 그 방법은 붙임소리로 소리를 짧게 나누었다가 다시 이어 붙여 연결하는 것이야. 붙임소리는 박자에 다채로운 변화를 줄 수 있어서 부족한 성량을 보완하면서 새로운 맛을 느끼게 했어.

이때부터 정정렬의 소리에 대한 평가가 달라졌어. 사람들은 신식 판소리, 정정렬의 부침새, 명창 정정렬이라며 좋아했어. 동생 원섭은 정정렬이 새로운 소리를 완성하는 데 큰 도움을 주었어. 원섭이는 판소리에서 북을 치며 흥을 돋우는 고수였어. 원섭은 정정렬의 붙임소리에 맞춰 조화롭게 북을 쳤어. 정정렬이 왕성한 활동을 하면서 두 사람은 조선 팔도를 누비며 소리를 했어.

떡목 명창 정정렬

정정렬은 1930년 오십 살이 되었을 즈음, 서울에서 열리는 조선팔도 명창대회에 출전했어. 정정렬은 이곳에서 송만갑 명창을 만나서 평생 친구가 되었고, 이들은 후에 '조선성악연구회'라는 전통 음악 연구회를 만들었어.

당시는 가요의 인기가 점점 높아지고, 판소리는 외면당하는 때였어. 가만히 있으면 판소리가 사라질지도 모르는 상황이었거든. 정정렬은 제자들을 모아 소리를 가르치고, 창극 연출에 앞장섰어.

창극은 여러 명의 소리꾼이 역할을 나누어 맡아 소리하고 연극을 하는 거야. 〈춘향전〉, 〈흥보전〉, 〈심청전〉, 〈숙영낭자전〉, 〈편시춘〉 같은 창극을 선보였어. 그리고 정정렬은 라디오 방송에도 출연하고, 음반을 만들어서 자신의 소리를 청중들에게 널리 알리고자 노력했어.

정정렬은 익산 망성면에서 1876년에 태어나 1938년에 사

명창 정정렬 근대에 왕성하게 활동한 판소리 명창으로, 라디오 방송 출연, 지방 순회공연, 음반 녹음, 창극 녹음 등 판소리 발전을 위해 노력했어. (사진·전통문화포털)

망했어. 그는 근대에 왕성하게 활동한 판소리 명창이야. 그는 오랫동안 판소리를 하고 제자를 양성했으며, 경성라디오방송국에 8년간 출연해 〈춘향가〉, 〈심청가〉, 〈적벽가〉를 불렀어.

특히 〈춘향가〉를 잘해서 "정정렬 나고 춘향가 새로 났다", "정정렬은 춘향가의 아버지"라고 불릴 만큼 유명해졌어. 그가 부른 〈춘향가〉는 녹음으로 전해져서 오늘날에도 그의 소리를 들을 수 있어 정말 다행이야.

판소리가 궁금해?

판소리는 소리하는 소리꾼, 북 치는 고수, 그리고 판을 이루는 구경꾼으로 이루어져. 판소리는 우리나라 고유의 무대예술로 2003년 유네스코 세계무형유산으로 지정되었어.

판소리는 조선 영조 때 시작되었고, 정조와 순조 무렵에는 수많은 판소리 중 열두 가지를 골라서 '판소리 열두 마당'이라 불렀어. 그 가운데 〈춘향가〉, 〈심청가〉, 〈흥보가〉, 〈수궁가〉, 〈적벽가〉는 지금도 널리 사랑받고 있어.

판소리는 지역에 따라 '동편제'와 '서편제'로 구분해. 섬진강을 사이에 두고 지리산과 가까운 동쪽 지역에서 불리는 소리는 '동편제', 서쪽 지역의 소리를 '서편제'라 했어. '동편제'는 씩씩하고 웅장한 가락이 많았고, '서편제'는 애절하고 부드러운 소리였어. 오랫동안 이어져 온 판소리는 우리말과 이야기, 음악이 하나로 어우러져서 사람들에게 감동과 재미를 주는 훌륭한 문화유산이야.

익산의 소리꾼들

익산은 판소리의 고장이야. 익산에는 귀명창이 많아서 자연스레 소리꾼들이 모여들었지. 서편제와 동편제 명창들이 고루 익산에서 태어났거나, 익산에서 소리를 배웠어.

신만엽

신만엽은 조선 순조 때의 명창으로, 판소리의 예술성을 높였어. 여산면에서 태어났으며, 서편제의 정통성을 제대로 이어받아 계승했어. 그는 〈수궁가〉에서 토끼가 세상으로 나오는 대목을 매우 잘 불렀어. 그의 소리는 밝고 경쾌한 분위기로 가늘게 내리는 비와 같이 부드럽다고 했어.

유공열

유공열은 동편제 명창으로, 익산이 고향이야. 그는 전주에서 열린 통인청대사습장(대사습대회)에서 이름을 알렸

명창 임방울(왼쪽)과 조통달(오른쪽) 익산은 판소리의 고장으로, 서편제와 동편제 명창들이 고루 익산에서 태어났거나 익산에서 소리를 배웠어.

어. 이후 1900년대 초 같은 시대의 명창들과 노래와 연기로 이루어진 창극을 공연했어.

임방울

임방울은 일제강점기부터 활동한 서편제의 명창이야. 1904년에 태어나서 1961년까지 살았어. 그는 익산이 고향은 아니지만, 익산 웅포의 숭림사에 지내며 소리를 공부했어. 그때 생활비는 함열의 세 부자가 내 주는 소리채로 충

당했다고 해.

오정숙

오정숙은 어릴 때부터 판소리를 아주 잘했어. 열네 살부터 동초제를 만든 김연수 선생님께 소리를 배우기 시작했어. 이후 동초제 계승자로 중요무형문화재 판소리 〈춘향가〉 보유자가 되었고, 뛰어난 연기력과 소리 실력으로 유명한 명장이었어. 말년에는 익산 소라산 일대에서 제자를 양성하며 소리 공부를 계속했어.

조통달

조통달은 우리나라 '인간문화재'로 선정된 명창이고, 최근까지 활동하고 있는 명창이야. 그는 1945년 황등에서 태어났고, 다섯 살에 판소리에 입문해서 '소년 명창'으로 불렸어. 그는 제자들도 많이 가르쳤고, 대중에게는 판소리를 널리 알리는 데 큰 역할을 했어.

지금 익산에서는

정정렬 추모 판소리 대회

익산 국악진흥원과 한국국악협회 익산지부는 매년 국창 정정렬 추모 익산 전국 판소리 대회인 '고법 경연대회'를 열고 있어. 2025년 10월에는 제25회 경연대회가 열렸어. 경연대회는 국악 인재를 발굴하고, 전통 국악을 계승 발전시키고, 전통 문화예술의 우수성을 널리 알리고 있어. 매년 열리는 대회는 전국의 국악 꿈나무와 전문 국악인들이 참여하는 전국 규모의 국악 잔치야. 그리고 익산이 배출한 명창 정정렬의 업적과 작품 세계를 되새기는 계기가 되지.

해마다 가을이면 심곡사에서는 정정렬을 기리는 '떡목음악회'가 열려. 심곡사는 소년 정정렬이 열여섯 살부터 꽤 오래 머물며 독학을 했던 장소야. 정정렬은 깊은 산속에서 밤낮으로 소리를 하다가 지쳐 쓰러지기를 반복하며 떡목을 극복하려고 노력했어. 그

고법 경연대회 익산에서는 매년 국창 정정렬을 추모하기 위해 판소리 대회인 '고법 경연대회'를 열고 있어.

가 힘겹게 소리 연습을 하던 심곡사에 '정정렬 명창 득음기념 떡목공연장'을 만들었어. 사람들은 정정렬의 소리에 대한 열정과 예술혼을 오랫동안 기억하기를 원하는 거야.

9

한글을 지킨 이병기

가람문학관

한글을 지키고 사랑한 한글학자

1942년 10월부터 1943년 4월까지 조선어학회의 한글학자 33명이 갑작스럽게 일본 경찰에게 구속되었어. 조선어학회 사건은 한 여학생의 일기장에서 시작됐어. 기차를 타고 가던 여학생들이 기차 안에서 조선말로 소곤소곤 이야기를 나누었어. 일본 경찰은 여학생들이 일본어를 쓰지 않았다는 이유로 매우 심하게 다그쳤어. 그 과정에서 일본 경찰은 한 여학생의 집을 수색해서 일기장을 압수했어.

"오늘 국어(일본어)를 썼다가 선생님한테 단단히 꾸지람을 들었다."

일본 경찰은 일기장을 근거로 여학생을 강압 수사한 결과, 교사 정태진에게 우리말(조선어)을 사용하라고 교육받았다는 자백을 받아 냈어. 그리고 조선어학회 사전편찬위원이었던 정태진을 취조한 후, 조선어학회를 민족운동 단체로 결론 내리고 조선어학회 소속 한글학자들을 모두 잡

아들였어. 일제는 이전부터 조선어 사용을 금지하고 있다가 조선어학회 사건을 일으켜서 한글 연구를 본격적으로 탄압하기 시작했어.

가람 이병기는 52세이던 1942년 10월에 일본 경찰에 붙잡혔어. 조선어학회 한글학자 33인 중에는 이병기도 함께였거든. 그는 1943년 9월 28일에 석방될 때까지 이병기라는 이름 대신 죄수 번호 453번으로 살았어. 죄명은 조선어를 연구해서 독립운동을 했다는 거야. 그는 감옥에서도 우리말과 글을 다듬고 빛낼 생각만 했어.

이병기는 감옥에서 나온 뒤에도 일본식으로 이름을 바꾸는 창씨개명을 거부했어. 이병기의 우리말 사랑은 막을 수가 없었던 것이지.

이병기는 1891년 익산 여산면에서 태어났어. 그는 여산면에서 한문 공부를 했었는데, 신식 교육의 필요성을 깨닫고 19세에 전주공립보통학교에 입학했어. 이후에는 서울에 있는 한성사범학교에 입학했어. 그리고 1911년 조선어 강습원을 다니며 주시경 선생을 만났어. 주시경 선생과의 만

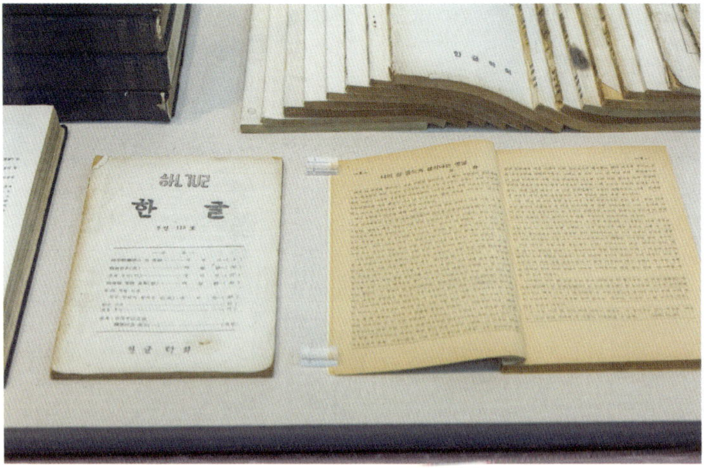

《한글》 잡지 펼쳐진 부분은 가람 이병기의 글이 실린 곳이며, 가람은 창간부터 지속적으로 글을 실었어. (가람문학관 소장)

남으로 이병기의 우리말 사랑이 깊어졌어.

이병기는 한성사범학교를 마치고 교사가 되었어. 교사로 근무하면서 저녁과 방학 때는 교육을 받지 못하는 청소년들에게 우리말과 글을 가르쳤지. 그리고 1919년 3·1독립만세운동이 있던 해에는 독립운동의 뜻을 품고 서울에 올라갔다가 형사들한테 붙들려서 매질을 당했어.

'어느 나라든지 말과 글을 지켜 낸 민족은 살아남는다. 우리 말과 글을 지키자!'

이병기는 극심한 고통 속에 굳은 결심을 했어. 우리말과 글에 대한 사랑이 더욱 뜨거워졌어.

그래서 1921년에는 한글학자인 주시경의 제자들과 함께 '조선어연구회'를 조직했어. 이후에 단체는 '조선어학회'로 명칭이 변경되었어. 이병기는 이곳에서 조선어사 편찬위원, 조선어 철자법, 한글 학습회 강사 등을 했으며, 기관지 《한글》을 발간했어. 또한 '가갸날(한글날)'을 만들고, 한글 맞춤법통일안을 제정하는 일에 큰 역할을 했어. 조선어학회는 해방 이후 1949년에 '한글학회'로 그 명칭을 바꾸고 현재까지 이어져 오고 있어.

이병기는 1957년 10월 9일 한글날에 《우리말 큰사전》 출판기념회에 참석했다가 돌아오는 길에 뇌내출혈이 일어나서 언어기능이 마비되기도 했어. 이후 고향 여산으로 돌아와서 지내다가, 1968년 11월 26일에 일흔여덟의 나이로 돌아가셨어.

57년간 쓴 기록, 《가람일기》

가람 이병기는 19세인 1909년 4월 13일부터 1966년 6월 20일까지, 무려 57년간 일기를 썼어. 《가람일기》는 한문 일기 3권, 한글 일기 48권 총 51권인데, 연구자료로 귀한 기록물이야. 그는 조선어학회 사건으로 감옥에 있었던 시기를 제외하고는 꾸준하게 일기를 썼어. 특별한 일이 없는 날에는 간단하게 날짜와 날씨만 쓰기도 했어. 예를 들어 "10월 25일 맑다"처럼 간략하게 기록했으며, 몸이 아픈 날에도 간단히 쓰려고 노력했어.

초기에는 한문으로 쓰던 일기를 1919년 8월 12일부터 한글로 바꿔 쓴 것은 주시경의 영향을 받은 듯해. 가람은 한글 일기로 처음 바꾸고 한동안은 매우 자세하게 적었어. 1926년 5월 1일부터는 한글과 한문을 혼용해서 썼지만, 한글 사랑은 여전했어. 일기에는 "휘문의숙에 가서 동지들과 조선어연구회 총회를 하였다"라는 부분이 나오기도 하며, 조선어학회 활동에 대해 자세히 기록하고 있지.

시조의 현대화에 기여한 시조 시인

이병기가 시조를 부흥시키는 데 앞장선 것은 1926년 《동아일보》에 '시조란 무엇인가'를 발표한 후야. 그는 이때부터 시조를 짓기 시작해서 수많은 시조를 남겼어. 대표적으로 '난초', '별', '창' 등의 아름다운 시조가 있어. 이 중에서 곡을 붙여서 노래로 널리 알려진 시조 '별'을 들려줄게.

바람이 서늘도 하여 뜰 앞에 나섰더니
서산머리에 하늘은 구름을 벗어나고
산뜻한 초사흘 달이 별과 함께 나오더라.

달은 넘어가고 별만 서로 반짝인다
저 별은 뉘 별이며 내 별 또한 어느 게요
잠자코 호올로 서서 별을 헤어 보노라.

가람 이병기 한글학자이자 독립운동가인 이병기는 시조 부흥 운동에 앞장서는 한편, 시조 시인으로 시조의 현대화에도 기여했어. (사진·독립기념관)

나지막하게 시조를 읊조리노라면 밤하늘에 아름다운 노랫가락이 울려 퍼지는 듯한 감성적인 작품이야. 아름다운 노래로 직접 들어 보길 추천할게.

가람은 시조를 누구나 알기 쉽게 써야 한다는 생각으로 시조가 새로워져야 한다고 주장했어. 옛날의 시조가 선비들과 지식인들이 누리던 문화였다면, 현대에는 형식에 얽매이지 않는 자유로운 시조로 누구나 즐길 수 있도록 발전시켰어. 가람은 다수의 창작을 통해서 시조의 현대화에 큰 역할을 했단다.

지금 익산에서는

'가람문학관'에서 만나는 이병기

여산면에 가면 가람 이병기(1891-1968년)의 '가람문학관'이 있어. 가람문학관 옆에는 가람이 태어나고 노년을 보낸 생가 '수우재'가 있고, 그 옆으로는 가람 동상과 시비가 있어. 그리고 생가 뒤 대나무 언덕에는 가람의 묘가 있단다.

가람문학관에서 눈여겨볼 전시물은 1909년부터 1966년까지 57년간 써 내려간 《가람일기》야. 자필 일기에는 자신의 호 '가람'이 영원, 완전, 조화를 뜻한다고 밝혔어. 일기에는 국어학 활동에 대한 꾸준한 기록과 일상이 간단하게 담겨 있어. 그리고 시조 시인으로서의 업적과 활동도 알 수 있어.

생가 '수우재'는 가람이 태어났고, 말년을 보낸 곳이야. '수우재'는 '어리석음을 지키는 집'이라는 뜻으로, 자신을 낮추고 겸손

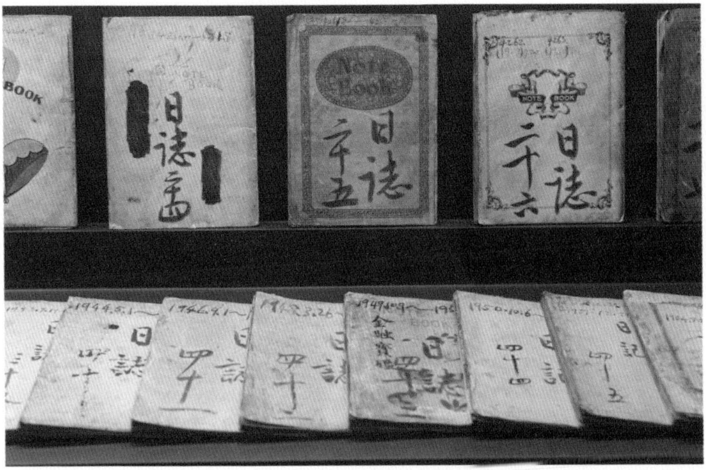

《가람일기》 가람 이병기가 57년간 쓴 일기로, 가람문학관에 전시된 《가람일기》 중 일부 모습이야. (가람문학관 소장)

하게 사는 집이라는 말이지. 선생의 조부가 지은 집으로 안채, 사랑채, 고방채, 정자가 있고, 앞에는 작은 연못과 오래된 나무가 아름다운 집이야.

마지막으로 가람의 시비와 동상을 보면서 가람의 문학과 우리말 사랑을 다시금 되새길 수 있어.

10

함라의 세 부잣집

함라마을의 옛 담장

배고픈 사람들의 든든한 이웃

함라의 세 부잣집은 함라 한옥체험관 이정표를 따라가면 쉽게 찾을 수 있어. 한옥체험관을 지나쳐서 함라마을의 골목길에 들어가면 가장 먼저 반기는 것은 흙담, 돌담이야. 토석담이라고 하는데, 흙으로 만들고 무너질까 봐 돌을 중간중간 넣어서 튼튼하게 세웠지.

끝없이 이어지는 정겨운 돌담을 따라 골목 안으로 들어가면 커다란 솟을대문을 마주하게 돼. 이곳은 만석꾼 조해영의 집이야. 과연 만석꾼, 오늘날의 재벌쯤 되는 부잣집이 있는 곳이라더니 어마어마하게 넓은 집이야. 이런 집이 마을에 세 채가 있다니 놀라서 입이 딱 벌어졌어.

마을의 중앙에 삼각형으로 배치된 조해영 가옥, 이배원 가옥, 김병순 가옥이 바로 함라 세 부잣집이야. 세 부자의 집은 담장과 담장이 만나서 골목길이 되고, 세 부자의 집이 모여 하나의 마을을 이룬 것만 같아. 세 부잣집 담장을 따라 한 바퀴 돌면 동네 한 바퀴를 다 둘러보는 셈이야.

일제강점기 함라마을의 세 부자는 인심이 넉넉하기로 유명했어. 오늘날 말하는 사회적 책임을 다하는 부자의 모습, 즉 노블레스 오블리주를 실천한 사람들이었어.

그들의 인심이 얼마나 후했는지는 신문 기사에도 남아 있어.

익산 함열면 양심 있는 부자, 구차한 사람에게 삼천 원을 기부함

-1925년 3월 3일 《동아일보》

백삼십 명에게 2개월간 배식, 익산 함열리 세 명

-1932년 6월 24일 《동아일보》

당시 삼천 원은 지금의 1억 5,000만 원 정도 되는 큰돈이야. 아무리 돈이 많아도 선뜻 큰돈을 내놓고, 식량을 나누기는 쉽지 않을 거야. 그런데 함열 세 부자는 마음이 착하고 인심이 좋았어. 세 부자는 소리꾼에게 소리채를 넉넉히

함라마을 안쪽에 있는 이정표 일제강점기 함라마을의 세 부자는 인심이 넉넉하기로 유명했는데, 오늘날 말하는 사회적 책임을 다하는 부자의 모습을 실천한 사람들이었어.

주며 후원했어. '풍속은 화순이요, 인심은 함열이라'는 판소리 가락이 나왔을 정도였어.

이들의 넉넉한 인심 때문에 '소금길'이라는 아름다운 전설도 생겼단다.

어느 날 공짜 밥을 먹고 나온 몇 사람이 골목에 멈췄어.

"여보게, 우리 배도 부르니 곰개나루에 가서 소금 한 가마니씩 지고 옴세."

"그러세. 번번이 베푸는 세 부잣집에 미안한 마음이 컸는데 잘됐네."

그길로 마을 사람들은 금강 하구에 있는 곰개나루에 나가 소금을 한 가마니씩 지고 와서 삼 부잣집 곳간에 두고 갔어. 소금 한 가마니는 60킬로그램이 될 정도로 무거웠어. 무거운 소금을 지고 곰개에서 마을까지 240미터나 되는 함라산을 넘어왔으니 무척 힘든 일이었을 거야. 당시 함라 사람들이 세 부잣집에 대해 느낀 고마움과 감사함의 마음을 알 수 있는 일화야.

그런데 인심 좋은 세 부자 덕분에 점점 게을러지는 사람들도 생겼대. 아무 때나 세 부잣집에 들르면 밥과 술을 공짜로 얻어먹을 수 있으니 굳이 열심히 일할 필요를 느끼지 않는 것이지. 세 부자에게 의지하는 습관이 생겼고, 살림살이가 점점 궁색해졌다는 말도 전해지고 있어. 선한 마음으로 베푼 행동이 뜻하지 않게 사람들을 게으르게 만들었다니 안타깝지만, 흉년으로 모두가 배고플 때 도와준 것은 참으로 감사한 일이야.

그들은 어떻게 부자가 되었을까?

조해영

조해영 집안은 세 부자 중 가정 먼저 함라에 살기 시작했어. 고조할아버지 조한기 때부터 많은 돈을 벌기 시작했어. 조한기는 정읍 군수를 하면서 좋은 일을 많이 했어. 당시 정읍군청 건물이 없었는데 재산을 내어 군청 건물을 지었다고 해. 그리고 가뭄에 쌀 500석을 내어놓는 등 자신이 가진 것을 다른 사람과 나누었어. 이후 일제강점기에 조해영의 아버지 조용규는 '조용규농장'을 운영하면서 큰 부자가 되었어. 조해영은 농장과 광산에 투자해 돈을 벌었어. 그런데 부를 쌓기까지는 근검과 절약의 세월을 보냈어. 오줌이 그냥 버려지는 게 아까워 오줌통에 오줌 누는 아이들에게 대추 한 알씩 주며 거름을 모았대.

김병순

김병순 집안은 마을에서는 김진사 댁이라 불렀어. 본래

김씨 집안은 가난했어. 어느 날 길에 쓰러진 스님을 구해주고 극진히 모셨더니, 스님이 조상 묘를 명당으로 잡아 주었대. 이후로 마침내 큰 부자가 되었어. 김씨 집안은 일제강점기 때 김병순이 '함하농장'을 세우면서 부자가 되었어. 김병순은 1,000명의 소작인이 있을 정도로 엄청난 부자였어. 돌아가신 아버지의 뜻을 따라 거금을 기증했고, 자신의 재산으로 사람들을 도왔어.

이배원

이배원 집안은 군산 임피면에 살다가 먹고살기 힘들어서 웅포로 향했어. 이들은 웅포로 가는 길에 묵은 주막집에서 누룩 장사를 하라는 제안을 받았어. 이씨 일가는 함라에 초가집을 짓고 누룩 장사를 시작했고, 이후 장사가 잘돼서 돈을 벌자 배를 두 척 사서 곡식 장사까지 했어. 그때 쌀과 맞바꾼 엽전이 너무 많아서 배가 가라앉을 정도였다니 어마어마하지. 이배원은 1925년 아버지의 재산을 물려받아 '삼성농장'을 만들어서 큰 부자가 되었어.

세 부자 조해영, 김병순, 이배원 가옥

십장생 꽃담이 아름다운 조해영 가옥

조해영 가옥은 4대에 걸쳐서 완성되었어. 고조할아버지는 동쪽의 집을, 증조할아버지는 큰방채를, 할아버지는 안채를 지었고, 아버지가 새방채, 사당, 농장채를 지었어. 집 안에 대문이 열두 개, 방은 아흔 개가 있었다니 얼마나 넓은 집이었겠니? 한국전쟁 때 일곱 채가 헐리고 팔려서 현재는 본채, 새방채, 농장채, 솟을대문과 행랑채만 남았어. 조해영 가옥은 내부를 개방하고 있어서 편하게 구경할 수 있어.

이곳은 특별한 공간이 많아. 첫째, 담 안에 있는 아름다운 십장생 꽃담이 가장 인상적이야. 꽃담은 건물과 건물을 공간적으로 분리하는 가림막 역할을 하는 지혜로운 건축물이라서 더 기억에 남았어. 둘째, 농장 사무실로 쓰였던 별채는 일본식 건축 양식으로 집을 지었어. 집 전체를 빙빙 돌아 기둥을 세우고 사이사이에 유리문을 달았고, 툇마루에 지붕을 만들어 사용하기 편리하게 만들었어.

조해영 가옥은 전통 한옥이 시대에 맞게 변화되는 모습을 볼 수 있는 귀중한 역사적 자료야. 전라북도 문화재로 지정된 만큼 지금 모습도 충분히 보존해야 할 가치가 있는 곳이야.

사랑채가 아름다운 김병순 고택

김병순 고택은 길게 이어진 돌담이 아름다운 가옥이야. 이곳은 99칸으로 전북에서 가장 크다고 소문난 집이야. 관광객에게 내부를 개방하지 않지만, 운 좋게 현재 거주 중인 후손을 만나기라도 하면 구경할 수 있기도 해. 굳이 집안에 들어가지 않아도 골목에서 보이는 기다란 담장만으로도 고택의 규모를 충분히 짐작할 수 있어.

조해영 가옥 꽃담 집 안에 있는 꽃담에는 십장생이 그려져 있어. 옆 별채의 유리문이 인상적이야.

김병순 고택 사랑채 인채를 지나서 꽃담을 지나가면 정원 한가운데에 사랑채가 있어.

이배원 가옥 원불교 함라교당으로 사용되는 이배원 가옥 사랑채의 모습이야.

김병순 고택은 안채와 사랑채는 1922년에, 행랑채는 1930년에 세워졌어. 사랑채와 안채를 담장으로 완전히 분리한 전통 한옥이야. 하지만 한옥의 장점은 살리고 단점은 보완한 집이야. 사랑채와 안채 사이에 복도가 있어서 중문을 통하지 않고도 오갈 수 있는 것이 전통 한옥과 다른 특징이야. 이 고택은 전통적인 방식을 따르면서도 생활의 편리함을 위해서 안방과 대청마루 사이에는 미세기문을 달았어. 문간채 끝에는 김병순의 조부인 김기형의 효자 정문이 있어. 효자 정문은 낮은 담장 밖에서도 일부가 보여.

이 집에서 특히나 아름다운 곳은 안채와 사랑채를 구분하는 꽃담과 사랑채, 사랑채 옆으로 펼쳐진 아름다운 정원이야. 드넓은 정원을 보면 얼마나 부자였는지 새삼 깨닫게 돼. 근대부자의 집을 살펴볼 수 있는 좋은 가옥으로 민속문화재로 지정되었어.

원불교 교당이 된 이배원 가옥 사랑채

이배원 가옥은 1917년 집터를 넓히고 안채와 사랑채를 좌우로 배치했어. 그리고 뒤쪽에는 넓은 경작지를 두고 있어. 이외에 행랑채, 문간채, 곳간채, 창고 등을 지었어. 다른 집들과 마찬가지로 토석 담장이 집을 둘러싸고 있어. 현재는 안채와 사랑채, 담장과 대문 일부만이 남았는데 사랑채는 대청마루와 방을 터서 원불교 교당으로 사용하고 있어. 1959년부터 원불교 함라교당으로 사용하고 있단다.

이배원 가옥 역시 근대 부농의 생활상과 전통 한옥이 변화하는 과정을 갖고 있어서 전라북도 민속문화재로 지정되었어.

함라 한옥 체험단지

함라마을에는 한옥 체험단지가 있어. 함라산 아래에서 조용하게 한옥 숙박 체험을 할 수 있는 곳이야. 마을에 함열향교와 함라노소, 세 부잣집의 고택이 있어서 한옥과 더욱 잘 어울리는 곳이지.

함라(함열)는 우리나라 최초의 한글 소설 《홍길동전》을 쓴 허균의 유배지였어. 허균은 1611년(광해군 3년), 43세 나이에 유배를 왔어. 과거 시험 부정 사건에 연루되어 유배를 온 거야. 허균이 평소 알던 함열 현감에게 부탁해서 굳이 함열로 온 이유는 인근 부안에 사는 기생 매창과 가까이 지내고 싶었기 때문이야. 두 사람은 남녀로 사랑하는 사이이기보다는 문학적 교류와 우정을 나누는 사이에 가까웠다고 해.

그리고 이곳에는 마을 공동체를 지키는 '함라노소'가 있어. 마

함라 한옥 체험관 입구 한복 체험관에서는 다양한 행사가 열리곤 해.

을 노인들은 1682년에 '함라노소'를 설립하여 어른을 공경하지 않는 자, 불효하는 자, 게으른 자 등 규약에 어긋난 자를 잡아서 그에 합당한 벌을 내렸다고 해. 여자를 괴롭히는 마을 원님의 아들까지 처벌할 만큼 엄격한 규약으로 지역사회를 지키고자 했어.

함라 한옥 체험단지는 한옥의 아름다움을 느끼기에 좋은 공간이야. 한옥을 느긋하게 보고 있노라면 여유와 편안함이 전해질 거야. 한옥이 주는 마법을 경험해 봐.

만경강문화관

제3부

익산의 현재

11

익산역

익산역

이리역 폭발 사고

1977년 11월 11일 밤 9시 15분. 이리역(익산역의 옛 이름)에서 끔찍한 폭발 사고가 일어났어. 다이너마이트와 전기 뇌관 등 40톤의 고성능 폭발물을 실은 열차가 폭발했어.

한국화약 호송 담당 직원 신 씨는 인천에서 출발한 기차를 광주까지 멈추지 않고 날리려고 했어. 그런데 이리역 직원들이 급행료를 요구했어. 당시에는 열차가 정차하지 않고 바로 통과하려면 '급행료'라는 뒷돈을 역에 지불해야 했어. 신 씨는 돈이 없어서 이리역에서 멈췄어. 원칙적으로 화약류 등의 위험물을 실은 기차는 신호장, 신호소, 간이역은 물론 모든 철도역 내에 대기시키지 않고 바로 통과시키도록 하는 안전 수칙이 있었지만, 지켜지지 않은 것이지.

신 씨는 그날 밤, 추위를 막기 위해 촛불을 켜 놓은 채로 술을 마시고 잠들었어. 촛불이 다이너마이트 쪽으로 넘어져서 엄청난 폭발 사고가 일어났어. 안타깝게도 사람들의 실수로 일어난 참사였어. 폭발로 역 구내에 있던 객차, 화물 열차, 기관차 등 30여 량이 파손되었고 철로는 엿가락처럼 휘었어. 사고 사상자는 사망자 59명, 부상자 1,343명이었어.

폭발 위력이 어느 정도였냐면, 반경 500미터 내 집은 대부분은 무너졌고, 반경 4킬로미터 내 집은 문이 날아가거나 일부가 파손됐어. 반경 8킬로미터 내 건물 대부분은 유리창이 부서졌어. 이리역 주변 관공서와 금융기관을 중심으로 한 공공시설과 여관, 식당 등을 비롯한 문화서비스 시설이 대부분 사라졌어. 한순간에 이리는 폐허가 됐어.

더 큰 사고를 막은 뒷이야기도 있어. 사고가 나던 그 시각에 승객 600여 명이 탄 여객 열차가 이리역 직전 역인 부용역에 정차 중이었어. 본래 이 열차가 제대로 운행되었다면 사고 시각에 이미 이리역에 도착했어야 했어. 그런데 기관사가 부용역에 진입하면서 통표(운전허가증) 회수에 실패하는 바람에 통과 허가가 나지 않았어. 어쩔 수 없이 통표

이리역 폭발 사고 1977년 11월 11일 밤 9시 15분, 이리역(익산역)에서 사망자 59명에 부상자 1,343명이나 되는 끔찍한 폭발 사고가 일어났어. (사진·뉴스화면)

를 획득할 때까지 멈춰 있다가 폭발 사고 발생 5분 후에야 출발이 가능하다는 무전을 받았어.

기관사: "지금 출발하겠다."

이리역: "이리역에 대형 화재가 발생하였으니 진입하지 말라."

기관사: "화재가 심하지 않으면 진입해도 되지 않느냐?"

이리역: "지금 상황이 심각하니 무조건 대기하라."

기관사는 초조해졌어. 본인의 실수 탓에 열차가 지연되었기 때문에 운행을 강행하기로 하고 이리역으로 출발했어. 그 시각 이리역 역무원 송석준은 폭발 사고로 기절했다가 간신히 의식을 되찾았어. 그런데 승객을 태운 열차가 이리역으로 들어오고 있다는 사실을 깨닫고 철로를 따라 1킬로미터를 달려갔어. 다급한 마음에 열차를 향해 윗옷을 펄럭이며 정지 신호를 보내 가까스로 열차를 세웠어. 이 일로 송석준 역무원은 2013년 코레일 '철도 안전 명예의 전당'에 등재되었어.

익산역의 탄생과 변화

익산역은 과거에는 이리역이라 불렀어. 1995년 이리시와 익산군이 통합하면서 익산시로 명칭이 바뀌었고, 익산역으로 명칭이 변경되었어. 익산에 처음 생긴 기찻길은 1912년 완성된 군산과 익산을 잇는 철도야. 이리역 탄생에는 뒷이야기가 있어. 처음에는 금마면을 지나서 전주로 연결하려고 설계했어. 하지만 전주의 강력한 반대에 부딪혀서 이리역을 중심으로 다시 설계되었어. 이렇게 생긴 이리역은 일제강점기 호남평야에서 수탈한 쌀을 군산역으로 운송하는 일을 담당했어. 얼마나 많은 쌀을 실어 날랐는지 철길에 떨어진 쌀이 눈처럼 하얗게 쌓였었대.

이때부터 익산은 군산항과 전주를 잇는 중계 도시로, 일제에 식량 수급을 책임지는 근대농업 도시로 발전하기 시작했어. 역 주변에 사람들이 모이고 군청, 헌병대, 우체국, 여관, 상점이 들어오면서 번화가로 발전하게 되었어. 해방 후에도 이리역은 수많은 화물차가 붐비고, 호남에서 가장 바쁜 역으로 유명했어.

오늘날 익산역은 대전과 광주를 잇는 호남선, 익산과 여수를 잇는 전라선이 교차하는 철도 교통의 중심지야. 호남의 대표적인 KTX 환승역이지. 언젠가는 익산에서부터 서울, 개성, 평양, 신의주, 중국 하얼빈, 러시아 블라디보스토크, 시베리아, 유럽에 이르기까지의 대륙철도가 달리기를 기대해 보자.

지금 익산에서는

익산역 광장의 추모탑과 위령비

익산역 광장에는 역사를 기억하고자 하는 비석이 여럿 있어. 광장 주차장에는 '1950년 미군의 이리 폭격 희생자 위령비', '4·19학생의거기념비', '3·1운동기념비'가 있고, 광장 가운데는 일본군 위안부 피해자들을 위한 '평화의 소녀상'이 있어. 광장 뒤쪽 승무원 사업소 옆에는 1977년 '이리역 폭발 희생자 추모탑'이 있어.

'1950년 미군의 이리 폭격 희생자 위령비'는 한국전쟁 중 미군의 오폭으로 목숨을 잃은 양민 수백 명을 위한 위령비야. 1950년 7월 11일 오후 2시, 이리역 부근 등에 미국 공군 소속 B-29 중폭격기 두 기가 폭탄을 투하하여 철도 근무자와 승객, 인근 거주민 등 수백 명이 희생되었어.

끔찍한 사건 이후로 이리역 오폭 사건이 실수성 오폭인지, 계획된 것이었는지를 놓고 진실 규명 작업을 진행했어. 2010년 6월 29일 사건 발생 60년 후, '진실과 화해를 위한 과거사정리위원

1950년 미군의 이리 폭격 희생자 위령비
한국전쟁 중 미군의 오폭으로 목숨을 잃은 양민 수백 명을 위한 위령비야.

회'는 미군 전투기의 오폭이라고 결론을 내리면서도, 한편으로는 기간시설 파괴 작전에 따른 의도된 폭격일 가능성도 있음을 명시했어.

한국전쟁이라는 참혹한 역사가 남긴 안타까운 희생이야. 위령비에는 "역사를 되돌릴 수 없듯이 비극의 재연은 다시 연출될 수 없다"라는 글귀와 무고하게 희생된 사람들의 명단이 새겨져 있단다. 익산역에서 일어난 사고들은 다시는 있어서는 안 될 뼈아픈 역사의 교훈이란다.

12

만경평야

만경강 전경

만경평야와 춘포역

익산은 끝없이 펼쳐진 만경평야를 아름답게 물들이는 노을을 볼 수 있는 곳이야. 만경평야는 우리나라에서 가장 넓은 평야로 익산, 군산 김제, 완주에 걸쳐 있어. 만경강의 발원지는 완주군 동상면 밤샘이야. 샘물이 서쪽으로 흐르며 여러 개울과 만나서 커다란 강을 이룬 것이 바로 만경강이야. '만경'은 넓은 들을 뜻하거든.

만경강 변에 있는 춘포역은 오래된 기차역이야. 1914년부터 2011년까지 97년 동안 기차가 다니고, 지금은 폐역이 되었어. 춘포역에 가면 당장이라도 기차 들어오는 소리가 들릴 것만 같아.

'춘포(春浦)'는 우리말로 '봄개', 즉 '봄 나루'라는 뜻이야. 일본이 구불구불한 만경강을 직선화하기 전까지 춘포는 배가 드나드는 나루였어. 조선 말부터는 '넓은(大) 마당

(場)이 있는 마을'이라는 뜻을 담아 '대장촌'이라고 불렀어. 하지만 일본인 지주들의 농장이 자리를 잡으며 대장촌의 뜻은 '큰 농장이 있는 마을'로 의미가 바뀌었어. 그래서 오랫동안 대장촌역으로 불리다가, 지금은 다시 춘포역이라고 부르고 있어.

춘포에는 일본인들이 대거 이주했어. 일본인들은 만경강 유역을 농토로 개발했어. 안타깝게도 조선인들이 힘든 일은 모두 했고, 땅은 일본인들이 가져갔어. 일본인들은 농지를 끝없이 사들여 대농장을 만들고 그곳에서 조선인이 농사를 지은 쌀은 모두 일본으로 가져갔어.

일제는 쉽고 빠르게 곡물을 수탈해 가려고 철도를 연결했어. 기차는 김제, 익산의 평야에서 나온 쌀을 춘포역을 통해 군산항으로 실어 날랐어.

춘포역에는 쌀을 보관하는 창고와 쌀을 싣고 오는 말들이 쉬는 마구간이 있었어. 마구간은 무려 11개나 있었고, 인근에는 쌀을 찧는 도정기가 10개가 넘는 큰 정미소가 있

춘포역 우리나라에 현존하는 역 중 가장 오래되었어. 지금은 폐역으로, 관광객들이 많이 찾는 등록문화재야.

있어.

춘포는 기차역이 생기고 빠르게 변화했어. 사람이 많이 모이니 읍사무소, 우편소, 금융조합, 주재소(경찰서)가 옮겨 왔어. 한 번 기차가 오면 수백 명이 모였으니 중요한 시설들도 함께 온 거지.

해방 이후 춘포역은 익산과 전주를 잇는 통학 열차가 다니는 곳으로 많은 사랑을 받았고, 화물 열차 수송로로도 이용되었어. 그러나 세월이 흐르며 점차 이용객이 줄어서

다리 일부가 남은 옛 만경교 익산 목천포와 김제 백구면을 잇는 다리로 목천포 다리로 불렸고, 1990년 새 다리가 놓였어.

춘포역은 폐역이 되고, 그 뒤로 새로운 기찻길이 생겼어.

오늘날 춘포역은 사라져 가는 춘포의 역사를 담은 근대 문화유산으로 지정되어 보존 중이며, 예전에 사용했던 창고와 정미소도 함께 보존 중이야.

춘포는 일제강점기부터 현대에 이르는 우리나라의 역사를 담고 있는 특별한 곳이야. 일대의 넓은 농경지는 농민들의 땀과 눈물이 깃든 땅이야. 앞으로는 농민들의 웃음이 가득한 역사가 담기기를 소망해 보자.

만경평야와 쌀 이야기

만경평야는 우리의 주식인 쌀을 대량으로 생산하는 곳이야. 이곳은 익산, 김제, 군산, 완주에 걸쳐 펼쳐진 들판으로, 김제평야, 부안평야와 함께 묶어 '호남평야'라고 불리기도 해. 호남평야는 넓고 기름진 땅, 만경강과 금강을 끼고 있어서 풍부한 물, 한반도의 남쪽이라 따뜻한 기후 넉분에 쌀농사가 잘됐어. 만경강 북쪽 평야를 끼고 있는 익산은 지금도 쌀 수확량이 전국에서 손꼽히게 많은 곡창지대야.

익산 쌀은 맛과 영양이 뛰어나지만, 다양한 식생활의 변화로 전국적으로 쌀 소비가 점점 줄고 있어서 고민이야. 그래서 농민들은 검정쌀, 향기쌀, 찰기 있는 쌀처럼 특색있는 품종을 연구해서 새로운 쌀 브랜드를 만들어 가고 있어. 특히 익산은 미륵사지석탑을 상징하는 탑마루 쌀이 유명해.

'만경강문화관'에서 만나는 자연

만경강은 완주군 동상면에 있는 밤샘이 발원지야. 만경강은 완주군을 지나 익산 춘포면에 접어들면 익산천과 합류해서 김제로 흘러 서해로 흐르고 있어. 구불구불 흐르던 만경강이 지금처럼 반듯해진 것은 일제가 실시한 직강(直江) 사업 때문이야. 일제는 전주, 완주, 익산, 김제를 잇는 총길이 60킬로미터의 반듯한 제방을 만들었어.

제방을 따라가다 보면 익산시와 김제시의 경계 지점인 옛 만경교 즈음에 '만경강문화관'이 있어. 1관 역사관은 신석기부터 일제강점기를 지나 현대까지의 만경강의 변천사를 볼 수 있어. 2관 자연관은 만경강의 사계절을 다양한 방법으로 담아서 소개하고 있고, 만경강 유역의 습지에 서식하는 야생 동식물의 생태도 쉽게 알 수 있어. 그리고 발을 구르면 바닥에 물결이 생기고 물고기를

만경강문화관 만경강 앞에 있어서 생태교육장, 체험장으로 좋아.

만날 수 있는 영상 체험이 있어서 어린이들이 자연에 호기심을 키울 수 있어.

3관 문화관은 현재의 만경강을 보기 쉽게 소개하고 있어. 실내 자전거로 새만금을 달리고, 가상 패러글라이딩으로 하늘을 나는 기분을 느끼는 특별한 체험도 즐길 수 있단다. 마지막으로 옥상 전망대는 탁 트인 평야와 길게 흐르는 만경강을 볼 수 있는 멋진 곳이야. 사계절 아름다운 만경강을 한눈에 볼 수 있단다.

13

익산과 종교 성지

나바위성당

원불교 익산 성지

익산은 원불교 중앙총부, 김대건 신부님이 서품을 받고 처음 발을 디딘 나바위성당, 초기 기독교 예배당 두동교회 구 본당이 있어서 성지 순례하기 좋은 지역이야.

원불교는 1916년 소태산 박중빈이 큰 깨달음을 얻고 전남 영광에서 시작한 한국 근대 신종교야.

"물질이 개벽하니 정신을 개벽하자."

1916년 26세의 소태산은 영광에서 원불교를 창시했어. 술과 담배를 끊자는 금주단연운동을 전개하고, 사람들을 모아 저축조합운동을 전개했어. 당시에는 술과 담배, 도박으로 사회가 혼란했고, 사람들은 경제적으로 어려움을 겪었어.

소태산은 제자들에게 근검절약의 정신을 심어 주고, 교단의 경제자립을 확립하고자 노력했어. 그리고 1년여의 기간에 걸쳐 마을 앞에 간석지를 개간해서 농토를 만들었어.

하지만 영광경찰서에 불려 가서 저축조합과 간척공사의 자금에 대한 조사를 받으면서 심경에 변화를 겪고 전북 부안 내변산 실상사 근처로 거처를 옮겼어. 소태산은 내변산에서 5년간의 생활하면서 승려들과 교류를 통해 불교의 현실을 이해하고, 원불교 교리와 제도의 초안을 마련했어.

이후 1924년 익산 신용리, 지금의 신용동에 3천 평의 땅을 마련하고 '불법연구회'라는 이름으로 새로운 출발을 시작했어. 굳이 불법연구회라는 명칭을 사용한 것은 조선총독부로부터 합법적인 종교활동을 보장받기 위해서였어. 익산에서도 역시 공동생활을 통한 소작 경영과 황무지 개간 등으로 생산에 힘쓰고, 근검절약에 의한 자금 저축에 노력했어. 그러나 활동이 많아질수록 일본 경찰들의 감시가 심해져서 어려움을 겪었고, 1943년 소태산 열반 이후에도 계속된 어려움을 겪었어. 해방 후에 교명을 원불교로 바꾸고, 교화, 교육, 복지사업에 역량을 집결하면서 오늘날에 이르렀어.

소태산 박중빈(왼쪽)과 대종사 성탑(오른쪽) 소태산 박중빈은 원불교의 창시자이자 대종사이며, 대종사 성탑은 소태산 박중빈의 유해를 모신 5층 석탑으로 국가등록 문화재야.

원불교 익산 성지는 소태산의 처소인 금강원과 본원실, 대각전, 공회당, 정신원, 구정원, 청하원, 종법실 등 많은 건물이 한데 모여 있고, 소태산의 유해가 모셔진 대종사 성탑이 있어서 많은 신도가 찾아오고 있어. 성지 내에 모여 있는 20여 개 건물 중에는 근대 문화유산으로 지정된 건물들도 있어. 원불교 익산 성지도 국가등록문화재로 지정되어서 보존되고 있어.

나바위성당에서 만나는 김대건 신부

김대건 신부는 한국인 최초의 천주교 신부야. 김대건 신부는 1845년 8월 31일, 중국 상해에서 라파엘호를 타고 한양으로 출발했어. 라파엘호는 폭풍우에 표류하다가 제주도에 닿았어. 김대건 신부 일행은 배를 정비해서 한양으로 떠났지만, 상황이 좋지 않았어.

"이대로 한양으로 가는 것은 너무 위험합니다. 관군들에게 발각되면 신부님의 뜻을 펼치지도 못하고 큰 화를 당할 것입니다."

당시 조선은 조상을 섬기지 않는 천주교를 박해했어. 평등사상을 가진 천주교가 조선의 양반 사회를 흔들어서 불안했거든. 조선은 천주교를 믿으면 모두 죽였어.

"큰 포구는 발각될 수 있으니 작은 포구에 상륙해서 육지로 가는 것이 좋겠습니다."

김대건 신부 일행은 금강 변에 있는 작은 포구에 내렸어. 이곳이 바로 나바위성당이 있는 익산시 망성면이야.

지금은 주변이 온통 드넓은 논밭이지만, 조선시대에는 바로 아래까지 금강물이 넘실거리며 흘렀어. 그래서 하구부터 거슬러 올라오면서 관군의 눈을 피해서 배가 정박할 수 있었어.

1784년 한국 교회가 세워지고 첫 신부로 왔던 중국인 주문모 신부는 6년 후에 순교했고, 그 뒤 세 명의 프랑스 신부들이 왔으나 1839년에 모두 순교했어. 그리고 김대건 신부가 돌아온 것이니 조심해야 했지. 김대건 신부는 익산을 무사히 빠져나가서 임무를 수행하다가 1846년 25세의 젊은 나이에 한강 변 새남터에서 순교했어.

김대건 신부 김대건 신부는 한국인 최초의 천주교 신부로, 1846년 25세의 젊은 나이에 한강 변 새남터에서 순교했어. (사진·한국학중앙연구원)

나바위성당 서양 벽돌, 고딕식 종탑, 한옥 지붕이 멋진 성당으로, 현재도 미사를 보는 성당이야.

김대건 신부를 기리는 나바위성당은 빨간 벽돌과 기와 지붕이 인상적인 건물이야. 처음 지을 때는 한옥 모양이었지만 지금은 사뭇 달라진 모습이야. 성당은 1897년 설립한 후 1907년 완공했어. 성당 설계는 명동성당을 설계한 신부가 했으며, 한국인의 정서에 맞게 한옥으로 지었어. 이후 1917년에는 흙벽을 서양 벽돌로 바꾸고, 성당 입구에 고딕식 종탑을 세워서 지금의 모습이 되었어.

예전에는 관습에 따라 성당 내부에서 남녀 자리를 구분했어. 지금은 구분이 없고, 그 흔적으로 내부에 칸막이 기둥이 남아 있지. 예배를 드리러 오는 천주교 신자들의 성지순례가 끊이지 않는 중요한 장소야.

남녀유별 예배당, 두동교회

익산시 성당면에는 100년이 넘은 교회 건축물이 있어. 바로 두동교회야. 두동교회는 구 본당과 현재 사용하는 본당이 나란히 있어. 구 본당은 'ㄱ'자형 예배당 건물에 아름드리 소나무와 교회 종탑이 어우러져서 영화의 한 장면처럼 예스러운 느낌이야.

두동교회 구 본당은 1923년 선교사 헤리슨이 처음 설립했고, 1929년 한옥식 교회로 새로 지었어. 구 본당은 당시의 유교적 사상을 반영해서 남녀가 앉는 자리가 분리되도록 지은 예배당으로 유명해.

예배당 내부의 모서리 기둥에 휘장을 설치해서 가운데 두고 남녀가 서로 볼 수 없도록 했대. 설교하는 강단을 중심으로 오른쪽은 남자, 왼쪽은 여자 신도들이 예배를 보도록 'ㄱ'자형으로 지은 것이지. 출입문도 따로 있어서 남녀

두동교회 구 본당 'ㄱ'자형 예배당, 소나무, 교회 종탑이 경건한 느낌이야. 전북 지방문화재로 지정되었어.

유별의 전통을 반영한 초기 교회의 모습이 잘 남아 있어.

교회 내부의 천장은 대들보와 서까래가 드러나 있고, 바닥은 반질반질한 마루가 깔려 있어. 강단에 펼쳐진 성경책과 낡은 풍금이 언제든 예배를 드릴 수 있을 것만 같아.

예배당을 'ㄱ'자형으로 지어서 남녀 모두에게 복음을 전파하려고 했던 배려가 돋보이는 건축물이야.

익산시

- 행정구역 : 전북특별자치도 익산시
- 위치 : 전북특별자치도의 서북부
- 넓이 : 506.59㎢
- 인구 : 267,346명(2025년 기준)
- 상징 : 소나무, 국화, 비둘기

(출처·익산시청)

왜 천천히 읽기를 해야 하는가?

'천천히 읽는 책'은 그동안 역사, 과학, 문학, 교육, 지리, 예술, 인물, 여행을 비롯해 다양한 주제와 소재를 다양한 방식으로 펴냈습니다. 왜 천천히 읽자고 하는지 궁금해하는 독자들이 있어서 몇 가지를 밝혀 둡니다.

- '천천히 읽는 책'은 말 그대로 독서 운동에서 '천천히 읽기'를 살리자는 마음을 담았습니다. 천천히 읽기는 '천천히 넓고 깊게 생각하면서 길게 읽자'는 독서 운동입니다.

- 독서 초기에는 쉽고 가벼운 책을 재미있게 읽을 수 있는 방법으로 시작해야겠지요. 그러나 독서에 계속 취미를 붙이기 위해서는 그 단계를 넘어서 책을 깊이 있게 긴 숨으로 읽는 즐거움을 느낄 수 있어야 합니다. 그래야 문해력이 발달합니다.

- 문해력이 발달하는 인지 발달 단계는 대체로 10세에서 15세 사이에 시작합니다. 음식을 천천히 씹으면서 맛을 음미하듯이 조금 어려운 책을 천천히 되씹어 읽으면서 지식을 넘어 새로운 지혜를 깨달을 수 있습니다.

- 독서 방법에는 다독, 정독, 심독이 있습니다. 천천히 읽기는 정독과 심독에서 꼭 필요한 독서 방법입니다. 빨리 많이 읽기는 지식을 엉성하게 쌓아 두기에 그칩니다. 지식을 내 것으로 소화하기 위해서는 정독이 필요하고, 지식을 넘어 지혜로 만들기 위해서는 심독이 필요합니다.

- 어린이들한테는 쉽고 가볍고 알록달록한 책만 주어야 한다고 생각하는 어른들이 있습니다. 그러나 독서력이 높은 아이들은 어렵고 딱딱한 책도 독서력이 낮은 어른들보다 잘 읽습니다. 그런 기쁨을 충족하지 못할 때 반대로 문해력도 발달하지 못하면서 책과 멀어지게 됩니다.

'천천히 읽는 책'은 독서력을 어느 정도 갖춘 10세 이상 어린이부터 청소년과 어른까지 읽는 책들입니다. 어린이, 청소년과 어른들(교사와 학부모)이 함께 천천히 읽으면서 이야기를 나눌 수 있는 읽기 자료가 되기를 바라는 마음에서 만들고 있습니다.